Copyright 2025, Jean-Philippe DESCAT

Édition : BoD · Books on Demand,

31 avenue Saint-Rémy, 57600 Forbach,

bod@bod.fr

Impression : Libri Plureos GmbH,

Friedensallee 273, 22763 Hamburg (Allemagne)

ISBN : 978-2-8106-2983-1

Dépôt légal : mars 2025

SOMMAIRE

PREAMBULE

CHAPITRE 1 : Un aperçu du système fiscal français	10
Les impôts d'État	10
les impôts locaux	14
CHAPITRE 2 : Les règles générales d'impôt sur le revenu	16
Mécanisme général	17
Le lieu d'imposition en France	27
Le foyer fiscal	29
Parts fiscales et quotient familial	37
CHAPITRE 3 : Les gains et les recettes	44
Quelques seuils d'exonération	45
Revenus exonérés	45
Ventes à caractère occasionnel	50
Ventes en ligne	50
Les revenus mobiliers	52
Imposition fractionnée des revenus	62
CHAPITRE 4 : Les cessions mobilières et les plus-values immobilières	70
Les cessions mobilières	70
Les Plus-values immobilières	82
CHAPITRE 5 : Les dépenses et les charges courantes du foyer	93
Celles déductibles des revenus catégoriels	95
Celles déductibles du revenu global	98
Maximiser les dépenses déductibles	100
Celles donnant lieu à réductions d'impôt	101
CHAPITRE 6 : Les investissements	104
Les équipements d'économie d'énergie	105
L'aide à la personne	117
Les travaux relatifs aux risques technologiques	118
Les investissements immobiliers locatifs	118
Les investissements immobiliers outre-mer	130
Le placement dans un FIP outre-mer	137
Les investissements forestiers	138
Le recours au déficit foncier	140
Les investissements immobiliers en location meublée .	141
La souscription au capital des PME	153
Autres investissements dans les sociétés	156
Le plafonnement des avantages fiscaux	158

CHAPITRE 7 : La gestion de son patrimoine ………………………….….………………	165
Optimiser son IFI ……………………………………..	165
La vente à soi-même………………………………….	175
CHAPITRE 8 : Les donations et les successions ……………………………………..	178
Les droits de donation …………………………….	179
Les droits de succession……………………………..	179
Les abattements sur les donations ………………..	182
Donation partage et donation simple………………	183
Démembrement du droit de propriété…………….	183
La Société Civile Immobilière …...........................	188
CHAPITRE 9 : Les liaisons avec le Fisc ………………………………………………..	192
L'organisation des services fiscaux………………..	192
La dématérialisation des démarches………………	193
Les réclamations et les contestations ……….…..	197
Les difficultés de paiement …………………………	201
Les contrôles fiscaux ………………………………..	205
CHAPITRE 10 : Se domicilier fiscalement en France ou à l'Etranger ………………..	210
Dubaï …………………………………………………	219
Bulgarie ……………………………………………...	223
Monaco ………………………………………………	229
Les Bahamas ………………………………………..	233
L'Ile Maurice ………………………………………..	240
Portugal ……………………………........................	244
Andorre ……………………………………………...	253
Royaume Uni …………………………….................	259
Malte ………………………………………………...	267
Maroc ………………………………………………..	276
Conclusion ………………………………………….	285
ÉPILOGUE ………………………………………………..	286

contact auteur : jpdescat30@gmail.com

PREAMBULE

Les particuliers sont soumis à de multiples contributions : impôt sur le revenu, impôt sur la fortune immobilière, taxe foncière, droits de mutation à titre gratuit. La fiscalité française est lourde et complexe. Cependant, elle laisse de multiples options au contribuable lui permettant de diminuer son imposition et il existe un certain nombre de leviers permettant de diminuer la charge fiscale, en particulier en matière d'impôt sur le revenu. C'est tout l'intérêt d'adopter une véritable démarche d'optimisation fiscale.

L'optimisation fiscale, facilement accessible à tous, consiste donc pour un particulier ou un professionnel à chercher toutes les possibilités pour réduire sa fiscalité : réductions et crédits d'impôt, prise en compte de la situation familiale, revenus exonérés ou soumis à une fiscalité avantageuse. Elle consiste aussi à gérer au mieux son patrimoine dans le but de payer le moins d'impôts possible. Elle passe souvent également par des investissements, des niches fiscales. Le but de ces niches est d'encourager certains investissements dans des secteurs particuliers en contrepartie d'une économie d'impôts pour le contribuable qui les effectue.

L'optimisation peut passer aussi par une délocalisation dans un pays étranger à fiscalité privilégiée.

Contrairement à la fraude fiscale, l'optimisation est un moyen légal, même s'il est parfois controversé, de payer moins d'impôts.

Comment défiscaliser :

- l'optimisation fiscale et les revenus

Beaucoup de revenus sont exonérés d'impôt sur le revenu ou soumis à une fiscalité avantageuse, afin de favoriser certains investissements : revenus de l'assurance vie ou des PEA, plus-values immobilières…

Vous êtes salarié ? Substituez à l'abattement forfaitaire pour frais professionnels de 10 % qui vous est légalement accordé, la déduction des frais professionnels réels.

- l'optimisation fiscale et les dépenses ou les investissements des particuliers

Aider financièrement ses parents ou ses enfants est de plus en plus courant. Les études peuvent être plus longues que prévues pour les enfants et certains parents peuvent se trouver en difficultés financières. Toutefois, cette aide octroyée permet de réduire son propre niveau d'imposition, ce qui n'est pas négligeable. En effet, les sommes versées sont déductibles de son revenu global et réduisent l'assiette soumise au barème progressif de l'impôt sur le revenu (IR). En la matière, il existe deux manières de prendre en compte l'aide accordée à ses enfants : le mécanisme du quotient familial et la déduction d'une pension alimentaire. Les enfants mineurs et les majeurs de moins de 21 ans (25 ans s'ils poursuivent leurs études) peuvent en outre être rattachés au foyer fiscal de leurs parents. Le contribuable peut également déduire de son revenu global l'aide matérielle fournie à ses parents dans le besoin, qu'ils soient situés en France ou à l'Etranger.

Les dons à titre privé entraînent des réductions d'impôt de 66% ou 75% en fonction de la nature de l'organisme bénéficiaire qui doit être reconnu d'intérêt général. Ce don peut être de l'argent, un abandon de revenu, le versement d'une cotisation ou encore en nature. Le montant de la réduction est plafonné à 20% du revenu imposable.

De multiples autres réductions d'impôt sont accordées, pour l'emploi d'une aide à domicile, les frais de garde hors de domicile, ….

Vous remplacez ou installez un système de chauffage ? Au titre de la transition énergétique vous pouvez obtenir une prime d'aide au financement des travaux.

- l'optimisation fiscale des particuliers et la défiscalisation immobilière
Il existe de nombreux régimes permettant de diminuer son imposition en investissant dans l'immobilier :

- Loi Pinel concernant les investissements locatifs neufs,
- Loi Malraux, applicable lorsque des travaux de réhabilitation sont réalisés sur des immeubles situés dans des zones protégées,
- Loc'Avantages permettant de bénéficier de réductions d'impôt supplémentaires dans le secteur intermédiaire ou social,

En outre, sans être à proprement parler un régime de défiscalisation, la location meublée permet souvent de réduire ses impôts grâce à l'application d'une comptabilité commerciale (déduction d'amortissements).

- l'optimisation fiscale des particuliers et l'investissement dans les PME

Investir dans une PME peut se révéler très intéressant fiscalement à plus d'un titre : les souscriptions ouvrent droit à une réduction d'impôt sur le revenu et les cessions de titres de PME bénéficient d'un régime de faveur en matière de plus-values (abattement pour durée de détention pouvant atteindre 85%)

En investissant dans une SOFICA (Société de financement de l'industrie audiovisuelle) vous pouvez avoir des réductions d'impôts allant de 30 % à 48 %. Les SOFICA encouragent les investissements dans la production cinématographique ou audiovisuelle.

- l'optimisation fiscale en matière d'impôt sur la fortune immobilière

Il existe des moyens pour diminuer cet impôt. Par exemple, le démembrement de propriété qui est le partage de la propriété d'un bien entre un usufruitier (qui peut utiliser ce bien et en tirer profit) et un nu propriétaire (qui a vocation à devenir plein propriétaire lorsque l'usufruit se termine).

- l'optimisation fiscale lors de la transmission de son patrimoine.

Profitez et optimisez les abattements sur les successions et les donations. Envisagez là aussi le démembrement de la propriété.

- faire valoir ses droits auprès du Fisc

En cas d'erreur d'imposition (revenu oublié, mauvaise application des dispositifs de défiscalisation), il est possible de déposer une réclamation sur l'impôt sur le revenu jusqu'au 31 décembre de la deuxième année suivant celle durant laquelle l'impôt a été mis en recouvrement. Ainsi, une déclaration déposée en 2025 et concernant les revenus perçus en 2024 peut être corrigée jusqu'au 31 décembre 2027. En cas de désaccord persistant avec l'administration, sans recourir nécessairement aux tribunaux, procédures généralement longues, vous pouvez saisir le conciliateur fiscal et le médiateur du ministère.

Obtenir une réponse de l'administration par la procédure du rescrit fiscal permet à un particulier ou une entreprise de connaître la règle ou l'application possible de conditions fiscales pour s'assurer a priori sur la faisabilité d'un montage ou d'une opportunité fiscale. La réponse apportée engage le Fisc.

*
*   *

Voilà quelques exemples du domaine très vaste et diversifié de l'optimisation fiscale qui est une matière à la fois méconnue et possédant des attraits indéniables. En effet, en plus de l'aspect purement économique, son impact psychologique est important puisque le contribuable a l'impression d'être « plus fort que le Fisc », tout en restant dans la légalité. Toutefois, les mécanismes qui la régissent sont fort complexes.

L'objet de cet ouvrage est de répertorier de façon détaillée et le plus concrètement possible tous les principaux leviers pour payer moins d'impôt, repérer les choix possibles et les solutions les plus optimales pour payer beaucoup moins. Il tient compte des dispositions de la loi de Finances pour 2025 récemment adoptée définitivement.

CHAPITRE 1

Pour mieux comprendre, voici un aperçu du système fiscal français

Le système fiscal français repose sur un nombre important de prélèvements obligatoires, alimentant le budget des trois catégories d'administrations publiques : soit en 2023, l'État (34 % des dépenses totales), les collectivités territoriales (20 %) et les organismes de sécurité sociale (46 %).

Une mesure synthétique est souvent utilisée dans les comparaisons internationales, bien que peu informative quant aux effets économiques de la fiscalité, il s'agit du taux de prélèvements obligatoires qui a atteint 48 % du Produit Intérieur Brut (richesse produite dans une année) en France en 2022 contre 43 % en Italie, 42 % en Allemagne, 25 % aux États-Unis et environ 41 % en moyenne dans l'Union Européenne. En France, les cotisations sociales représentent près de 19 % du total des prélèvements obligatoires.

Quels sont les impôts d'État ?

Ces impôts concernent les particuliers et les sociétés et sont appliqués sur les revenus, les dépenses courantes et le capital.

- **sur le revenu** :

Les particuliers, tout d'abord. Ils sont imposés sur la totalité des revenus qu'ils perçoivent (salaires, honoraires, bénéfices tirés des activités industrielles et commerciales, revenus fonciers…) après déduction des dépenses engagées en vue de leur acquisition et de leur conservation. Il s'agit de **l'impôt sur le revenu (IR)**.

L'IR est un impôt progressif par tranches, dont le taux varie de 0 à 45 %. Il est payé par les particuliers, personnes physiques résidant en France, quelle que soit leur nationalité.

De plus, deux contributions récentes, à l'assiette beaucoup plus large, à savoir la **contribution sociale généralisée** (CSG), créée en 1991, et la **contribution au remboursement de la dette sociale** (CRDS), créée en 1996, sont également payées par les particuliers. Leur particularité est qu'elles sont affectées, non pas à l'État, mais à la Sécurité sociale. Ces contributions ont une assiette très large, beaucoup plus large que celle de l'IR. Elles frappent trois types de revenus : les revenus d'activité et de remplacement, les revenus du patrimoine et les placements à revenu fixe.

Ces deux contributions sont associées en outre à un **prélèvement social**, dont l'assiette est moins large puisqu'il ne frappe pas les revenus d'activité et de remplacement, un **prélèvement de solidarité** et des **contributions additionnelles**.

L'ensemble de ces prélèvements sociaux font l'objet d'une retenue à la source, opérée par les employeurs et les établissements financiers. Si l'on additionne leurs taux, on aboutit à un taux d'imposition global en 2024 de 17,20% … ce qui en fait des impôts très rentables.

Les entreprises de capitaux (sociétés anonymes, SARL), quant à elles, sont également imposées sur leurs revenus, en l'occurrence les bénéfices, et acquittent ainsi l'**impôt sur les sociétés** (IS).

Le bénéfice soumis à l'impôt sur les sociétés est globalement constitué, pour une année donnée, par la différence entre le bilan de clôture et le bilan d'ouverture. Il correspond au résultat comptable, mais ce dernier fait l'objet de rectifications en raison de l'existence de règles fiscales qui dérogent aux règles comptables. Le taux normal de l'IS est de 25 % mais depuis 2022, il existe un taux réduit de 15 %. La loi de finances pour 2025 prévoit de rehausser de 20,6% le montant de l'impôt sur les sociétés dû par les entreprises réalisant entre 1 et 3 milliards d'euros de chiffre d'affaires en France, et de 41,2% celui des groupes dont le chiffre d'affaires dépasse 3 milliards d'euros.

- **sur la dépense**

La dépense est imposée sous deux formes : d'une part, un impôt général (la TVA), d'autre part des droits indirects. Les impôts sur la dépense ont été harmonisés entre les Etats membres de l'Union européenne, pour éviter les distorsions de concurrence entre pays.

La TVA constitue la principale recette de l'État (38 % contre 18 % pour l'impôt sur le revenu). Elle s'applique sur toutes les opérations de ventes de biens ou de services (à l'exception des activités médicales) et elle est supportée par l'acheteur final, c'est-à-dire le consommateur. Ainsi, l'achat d'un livre, par exemple, comprend le prix du livre proprement dit (hors taxe), auquel s'ajoute le montant de la TVA, qui doit figurer sur la facture (prix TTC) que reçoit le client.

La TVA est donc collectée par le vendeur, c'est-à-dire le commerçant, qui sera chargé de la reverser au Trésor public. Mais, et c'est là la pièce maîtresse du mécanisme instauré, ce même commerçant peut déduire de la TVA qu'il a collectée celle qu'il a lui-même payée lors d'achats effectués pour exercer son activité. Ainsi, de la TVA collectée par le libraire sur la vente d'un livre, celui-ci peut déduire la taxe qu'il a payée en amont auprès de son fournisseur de livre et la taxe sur ses frais généraux (rayonnages, présentoirs, électricité…). Ce mécanisme, ingénieux, assure la neutralité économique totale de la TVA sur le chiffre d'affaires des entreprises.

Cette taxe qui comporte trois taux (20 % pour le taux dit « normal » appliqué sur la plupart des produits et services, 10 % pour le taux réduit sur certains biens et services et 5,5 % pour le taux réduit relatif aux produits de première nécessité), est régie, depuis 1991, par une directive européenne qui laisse chaque État libre d'en fixer le montant, sous condition de planchers mais soumet la liste des biens et services assujettis à chacun des taux à l'approbation unanime des États membres de l'Union européenne. En 2022, la TVA a rapporté 202 milliards d'euros.

Les autres droits indirects (appelés encore droits d'accise) sont des impôts sur la consommation qui se surajoutent à la TVA. Ils ont pour origine des raisons historiques ou trouvent leurs justifications par la recherche d'objectifs économiques ou sociaux particuliers. On peut citer, à titre d'exemple, les droits sur les alcools, sur les tabacs et sur les huiles minérales, et également la célèbre taxe intérieure sur les consommations de produits énergétiques (ou TICPE). Second impôt indirect, la T.I.C.P.E. est le cinquième impôt d'État par son rendement (30 milliards d'euros en 2022). Il est perçu sur chaque litre de carburant consommé.

- sur le capital

Enfin, l'imposition du capital est en France plutôt plus lourde que dans la plupart des autres pays d'Europe. Elle prend deux formes principales : les droits d'enregistrement et l'impôt sur la fortune immobilière.

Les droits d'enregistrement sont des impôts exigibles occasionnellement, lors de la rédaction de certains actes : ouverture d'une succession, donation, ventes d'immeuble, création de société… Le patrimoine est alors imposé lorsqu'il est transmis à titre gratuit (donation, succession) ou lorsqu'il est transmis à titre onéreux (vente d'immeuble, création ou augmentation de capital d'une société…).

L'impôt sur la fortune immobilière (IFI) est, quant à lui, annuel. Il est dû par les personnes physiques qui sont propriétaires d'un patrimoine immobilier dont la valeur nette excède un certain montant, fixé à 1 300 000 € (si ce seuil de déclenchement est atteint, alors l'impôt s'applique à partir de 800 000 €) . Son taux, progressif par tranches, s'étend de 0,5 à 1,5 %.

Quels sont les impôts locaux ?

Il s'agit de quatre contributions issues de la Révolution française et toujours en vigueur, après maintes adaptations. Très critiquées, car assises davantage sur des indices (la « valeur locative cadastrale », rendement théorique d'une propriété, évaluée par l'Administration) plutôt que sur des valeurs économiques, ces taxes n'en continuent pas moins d'être pérennisées (à l'exception de la taxe d'habitation) parce qu'elles alimentent les caisses des collectivités territoriales (commune, département, région).

- quels sont ces impôts et taxes ?

La Contribution Foncière des Entreprises (ex-taxe professionnelle) est l'impôt local qui a le plus grand rendement. Elle est due par les personnes physiques (professions libérales) ou morales (sociétés) qui exercent en France, à titre habituel, une activité professionnelle non salariée.

La taxe d'habitation : elle a été totalement supprimée en 2023 sauf pour les résidences secondaires, lesquelles en outre, pour certaines communes, sont soumises à une surtaxe d'habitation.

La taxe foncière se subdivise en deux éléments : la taxe foncière sur les propriétés bâties, qui est due par les propriétaires d'immeubles bâtis (constructions élevées au-dessus du sol) situés en France et la taxe foncière sur les propriétés non bâties, qui est due par les propriétaires de terrains non construits.

- les principales caractéristiques de tous ces impôts

Ils sont perçus tous les ans (principe d'annualité de l'impôt).

Ils sont déclaratifs, en ce sens qu'ils font l'objet d'une déclaration de la part de l'assujetti. Bien évidemment, cette déclaration est contrôlée par l'administration fiscale, le tout sous la surveillance du juge de l'impôt.

En conclusion, la pression fiscale est indéniablement forte en France par rapport aux pays européens voisins dans un contexte où le système fiscal français a tendance à se rapprocher des systèmes fiscaux étrangers :

- sous l'influence de l'Union européenne, qui a réalisé partiellement l'harmonisation des impôts sur la dépense ;
- sous l'effet des relations et des échanges internationaux qui ont conduit l'État français à conclure avec près de cent Etats des conventions fiscales bilatérales destinées à éviter la double imposition (imposition par la France et par un autre Etat).

CHAPITRE 2

les règles générales de l'impôt sur le revenu ou comment identifier les leviers de l'optimisation fiscale

> ☺ *Le choix, légal et légitime, des options ouvertes par le mécanisme général d'imposition des revenus peut procurer des économies significatives voire même de vous exonérer de l'impôt, encore faut il identifier ces leviers d'action …..*

L'impôt sur le revenu (IR) est calculé à un taux progressif chaque année, sur le revenu des particuliers (personnes physiques) et seulement les particuliers, l'imposition pouvant d'ailleurs englober plusieurs personnes en vertu de la règle d'imposition par « **foyer fiscal** ». L'IR s'applique sur un revenu net dit « global » c'est-à-dire obtenu en additionnant tous les revenus perçus toutes catégories confondues (salaires, bénéfices commerciaux, non commerciaux, agricoles, fonciers …).

Les particuliers sont par ailleurs soumis, sur l'ensemble de leurs revenus, à des prélèvements sociaux : contribution sociale généralisée (CSG), contribution au remboursement de la dette sociale (CRDS) et, pour les revenus du capital financier et immobilier, à un « prélèvement de solidarité ».

Mécanisme général

L'impôt sur le revenu (en abrégé : IR) présente, pour l'essentiel, les caractéristiques suivantes :

- il est dû par les particuliers (personnes physique) selon la règle dite de l'imposition par « foyer fiscal » qui consiste à additionner, pour les soumettre à une imposition unique, l'ensemble des bénéfices et revenus de toutes catégories réalisés par l'ensemble des membres du foyer (parents et enfants ou autres personnes considérées fiscalement à charge).

Le foyer fiscal peut aussi se limiter à une seule personne : personne célibataire, veuve, ou divorcée (ou séparée) sans personne à charge.

L'impôt sur le revenu peut aussi s'appliquer aux bénéfices réalisés par les sociétés de personnes et assimilées (société en nom collectif, société en commandite simple, …) mais il est alors établi au nom des membres personnes physiques de ces sociétés (pour leur quote part du bénéfice leur revenant) et non de la société elle-même.

Les personnes morales (sociétés anonymes et autres sociétés de capitaux) autres que les sociétés de personnes et assimilées, relèvent, lorsqu'elles sont imposables, de l'impôt sur les sociétés .

- l'IR s'applique sur un revenu net dit « global » c'est-à-dire constitué de tous les revenus perçus quelle qu'en soit leur nature. Ces revenus sont rangés dans des catégories (bénéfices commerciaux, revenus fonciers – tirés de la location de maisons ou d'appartements -, salaires, etc), ce sont des revenus qualifiés de « catégoriels ».

Le revenu net global s'obtient en déterminant d'abord les revenus nets des diverses catégories qui sont calculés selon des règles propres à chacune d'entre elles. Puis sont retranchés du total de ces revenus catégoriels les déficits, charges et abattements à déduire du revenu net tels qu'ils sont autorisés par la Loi.

Schématiquement :

revenu brut catégoriel moins charges = revenu net catégoriel

somme des revenus nets catégoriels moins charges = revenu net global imposable

Exemple :

Salarié, Philippe a perçu dans l'année 50 000 € et peut prétendre à la déduction de 5 000 € de frais professionnels. Il dispose d'un portefeuille d'actions qui lui a rapporté 8 000 € de dividendes sur lesquels 500 € de frais sont déductibles. Enfin, il donne en location un appartement qui lui rapporte 10 000 € par an mais il a dû payer cette année une quote-part des frais de ravalement de l'immeuble pour 1 000 €. Enfin, il a versé une pension alimentaire déductible de 1 000 € à l'un de ses parents.

salaires imposables nets : 45 000 €
revenus mobiliers nets : 7 500 €
revenus fonciers nets : 9 000 €

revenu brut global soumis à l'impôt : 61 500 €
pension déductible de 1000 €

revenu net global imposable : 60 000 €

> ☺ *certaines dépenses engagées et payées par les particuliers peuvent légalement être retranchées des revenus, selon le détail qui sera présenté plus loin, ce qui constitue un levier d'optimisation fiscale intéressant. D'autres dépenses, limitativement énumérées par la loi, cette fois, ne viennent pas en diminution des revenus mais donnent droit à une réduction ou un crédit d'impôt.*

- **l'impôt est alors calculé** en appliquant sur le montant du revenu net global un barème progressif (l'impôt est d'autant plus important que le revenu imposable est élevé)

- **un dispositif dit du « quotient familial »** permet d'aménager la progressivité de l'impôt en fonction de la situation et des charges de famille de chaque particulier imposé. C'est la notion de **parts fiscales** expliquée infra

- **le montant de l'impôt** résultant du barème peut être allégé par l'application de réductions ou de crédits d'impôt autorisés par la Loi pour compenser certaines dépenses ou certains investissements réalisés par les particuliers

Attention au plafonnement des niches fiscales !

Le montant global des avantages fiscaux relevant du plafonnement ne doit pas excéder, de manière générale, 10 000 €. Toutefois, ce plafond est majoré de 8 000 € (soit un plafond de 18 000 €) si le contribuable bénéficie de réductions d'impôt au titre d'investissements outre-mer, de souscriptions au capital de Sofica.

Une présentation détaillée de ce plafonnement est assurée en chapitre 6.

- **l'impôt est « déclaratif »** cela signifie qu'il est établi à partir d'une déclaration rédigée en ligne sur le site **www.impots.gouv.fr** ou souscrite, par exception, sur un formulaire déposé auprès d'un centre des finances publiques. L'IR est alors calculé au vu de la déclaration et permet le calcul du taux de prélèvement à la source. Un ajustement entre le montant de l'impôt prélevé et celui qui aurait dû être prélevé est appliqué.

- **une contribution exceptionnelle** sur les hauts revenus est appliquée aux contribuables les plus aisés ; elle s'ajoute à l'impôt sur le revenu.

Ainsi, sont soumis à la contribution les contribuables passibles de l'impôt sur le revenu dont le revenu fiscal de référence excède :

250 000 €, s'il s'agit de contribuables célibataires, veufs, séparés ou divorcés

ou 500 000 € s'il s'agit de contribuables mariés ou pacsés, soumis à imposition commune.

La contribution est calculée selon le barème suivant, le montant obtenu étant arrondi à l'euro le plus proche :

Fraction du revenu fiscal	Taux applicable pour un célibataire, veuf, divorcé	Taux applicable pour un couple marié ou pacsé
Inférieur ou égal à 250 000 €	0%	0%
Comprise entre 250 001 € et 500 000 €	3%	0%
Comprise entre 500 001 € et 1 000 000 €	4%	3%
Supérieur à 1 000 000 €	4%	4%

1. Un contribuable célibataire dont le revenu fiscal de référence est de 350 000 € sera redevable d'une contribution égale à 3 000 € [(350 000 € − 250 000 €) × 3 %].

2. Un contribuable marié dont le revenu fiscal de référence est de 1 250 000 € sera redevable d'une contribution égale à 25 000 € [(1 000 000 € − 500 000 €) × 3 % + (1 250 000 € − 1 000 000 €) × 4 %].

Comme en matière d'impôt sur le revenu, l'imposition est établie par foyer fiscal. Sous réserve de l'application des conventions fiscales internationales, la contribution est susceptible de concerner non seulement les personnes fiscalement domiciliées en France qui disposent de revenus de source française ou étrangère mais aussi les non-résidents qui disposent de revenus de source française.

- de plus, la loi de finances pour 2025 instaure une **contribution différentielle sur les plus hauts revenus (CDHR)**, afin de garantir que ces derniers soient imposés à un taux moyen minimum de 20 %. Ce mécanisme ciblé s'appliquera aux contribuables assujettis à la contribution exceptionnelle sur les hauts revenus, à savoir ceux dont le revenu de référence dépasse 250 000 € pour un célibataire et 500 000 € pour un couple.

- **Le Prélèvement Forfaitaire Universel (ou Flat Tax)** : les revenus du patrimoine mobilier (dividendes, intérêts, obligations, plus-values sur titres) échappent au barème progressif de l'IR et sont soumis à un prélèvement forfaitaire unique (flat tax) de 30% (17,2% de prélèvements sociaux + 12,8% d'IR).

En contrepartie, les abattements existants (abattement de 40%, abattement pour durée de détention sur les plus-value) ne sont plus applicables.

Cette nouvelle mesure favorise les contribuables les plus aisés (dont le taux marginal de l'IR est élevé) mais également ceux de la classe moyenne même si l'économie d'impôt demeure très variable.

Le contribuable peut opter pour le barème progressif de l'IR. Cette option peut se révéler avantageuse dans certaines hypothèses (non-imposition, bénéfice de l'abattement pour durée de détention…).

Voici les taux d'imposition applicables (prélèvements sociaux + IR) en fonction de la nature des revenus et du taux marginal d'imposition du contribuable, afin de choisir entre la flat tax et le barème progressif :

	Flat tax	Taux de l'IR de 14 %	Taux de l'IR de 30 %	Taux de l'IR de 41 %	Taux de l'IR de 45 %
Dividendes et autres distributions	30 %	25,60 %	35,20 %	41,80 %	44,20 %
Intérêts et obligations	30 %	31,20 %	47,20 %	58,20 %	62,20 %
Plus-values avec abattement pour durée de détention de 50 %	30 %	24,20 %	32,20 %	37,70 %	39,70 %
Plus-values avec abattement pour durée de détention de 65 %	30 %	22,10 %	27,70 %	31,55 %	32,95 %
Plus-values avec abattement pour durée de détention de 85 %	30 %	19,30 %	21,70 %	23,35 %	23,95 %

L'option pour le barème progressif est annuelle et globale.

- La décote d'impôt ?

La décote est un cadeau fiscal qui va venir diminuer l'imposition des contribuables modestes. A l'image d'une réduction d'impôt, elle va venir baisser la fiscalité en s'appliquant directement sur l'impôt. Si par exemple vous avez un impôt à payer de 1 000 € et une décote de 300 €, l'impôt final sera de 700 €.

Qui peut bénéficier de l'application de la décote ?

La condition pour être éligible à la décote va dépendre de votre impôt et de votre situation familiale. Le gouvernement a fixé un seuil d'impôt à ne pas dépasser pour pouvoir recevoir la décote. Le seuil diffère pour les personnes seules et pour les couples. Les plafonds en vigueur sont les suivants pour les revenus 2025.

Situation familiale	**Décote si l'impôt est sous le seuil suivant**
Personne seule	1 965 €

Couple marié ou pacsé   3 249 €

Autrement dit, si vous êtes célibataire et que votre impôt est par exemple de 1 400 €, vous aurez une décote afin de payer encore moins d'impôt car vous êtes sous le plafond de 1 965 €. En revanche, si vous êtes célibataire et que votre impôt est de 1 970 €, vous n'aurez pas de décote car vous êtes au-dessus du seuil de 1 965 €.

Comment le Fisc calcule la décote 2025 sur l'avis d'imposition ?

Le montant de la décote est déterminé par le calcul suivant

- Calcul de décote 2025 pour un célibataire : 889 – 45.25 % de l'impôt
- Calcul de décote 2025 pour les pacsés/mariés : 1 470 – 45.25% de l'impôt

Un calcul qui peut paraître complexe mais qui permet aujourd'hui à beaucoup de personnes d'avoir une décote importante et donc une baisse importante de l'impôt. Il faut donc suivre les étapes suivantes pour connaître l'impôt :

1) Calculer l'impôt pour voir si on est sous le plafond pour avoir le droit à la décote.
2) Calculer la décote.
3) Prendre l'impôt initial et enlever la décote pour connaître l'impôt final.

Deux exemples permettront d'y voir plus clair pour comprendre le calcul fait par le fisc.

Exemple 1:
Mr Corrigetonimpôt est célibataire. Son impôt 2025 des revenus 2024 est de 1 000 €. Il a donc le droit à la décote car il est sous le seuil de 1 965 €. Le

calcul de sa décote est de : 889 – 45.25% * 1 000 = 436 €. L'impôt final de Mr ne sera donc pas de 1 000 € mais de 1 000 – 436 soit 564 €.

Exemple2 :

Mr et Mme Corrigetonimpot sont mariés. L'impôt 2025 du couple est de 1 000 €. Ils ont le droit à la décote car ils sont sous le seuil de 3 249€. Le calcul de la décote est 1 470- 45.25% * 1 000 = 1019 € . L'imposition finale du couple n'est donc pas de 1000 € mais de 1 000 – 1019 soit 0 €. La différence n'est pas rendue.

On le voit clairement ici, la décote permet à des contribuables payant un peu d'impôt d'économiser rapidement quelques centaines d'euros. Notons que si la décote est supérieure à l'impôt , le reliquat n'est pas remboursé par le fisc. La fiscalité est ramenée à 0 € simplement.

Ce calcul de la décote et ces plafonds sont nouveaux et en vigueur uniquement pour la déclaration 2025. Ce même mode de calcul va perdurer pour les années suivantes.

- le prélèvement à la source de l'impôt

L'impôt finalement dû est alors payé au moment de la perception des revenus, il est **prélevé à la source** à partir d'un taux calculé d'après la déclaration des revenus souscrite auprès du Fisc.

Le prélèvement à la source consiste à faire payer l'impôt en même temps que vous percevez ces revenus.

Si vous êtes salarié ou retraité, l'impôt est collecté par votre employeur ou votre caisse de retraite.

Si vous êtes travailleur indépendant, agriculteur ou bénéficiez de revenus fonciers, vous payez l'impôt sur le revenu correspondant par des acomptes prélevés directement par l'administration fiscale.

Pour les salaires et assimilés, le prélèvement s'applique :
- aux traitements et salaires
- aux pensions de retraite
- aux allocations de chômage
- aux indemnités journalières de maladie
- à la fraction imposable des indemnités de licenciement

A savoir : le prélèvement est indiqué sur votre feuille de paie.

L'impôt est prélevé directement sur votre revenu par le collecteur (votre employeur ou caisse de retraite) selon un taux de prélèvement calculé par l'administration fiscale.

Si votre situation change en cours d'année (modification des revenus ou situation de famille), vous pouvez demander une modification de votre taux. Cette modulation sera possible à la baisse sous certaines conditions.

Signalez à l'administration fiscale dans les 60 jours tout changement dans votre situation. Ceci permettra de changer votre taux de prélèvement.

C'est le cas pour :
- un mariage
- la signature d'un Pacs
- la naissance, l'adoption ou le recueil d'un enfant mineur
- le décès de l'un des époux(se) ou partenaire de Pacs
- un divorce ou une rupture de Pacs.

Le taux de prélèvement qui vous est appliqué est déterminé par le service des impôts.

Vous l'obtenez après avoir réalisé votre déclaration de revenus. Vous pouvez le retrouver sur votre espace personnel sur le site **www.impots.gouv.fr**

La formule de calcul du taux de prélèvement est la suivante :

(impôt sur le revenu avant réductions d'impôt x revenu imposable) / revenu imposable

Ce taux est communiqué à votre employeur pour mettre en place le prélèvement.

Vous avez cependant la possibilité d'utiliser un autre taux selon votre situation. En effet, le taux de prélèvement est global pour le foyer fiscal mais chaque personne a la possibilité de demander l'application d'un taux de prélèvement en propre tenant compte du montant de son salaire.

Si vous voulez obtenir des informations personnalisées ou si vous souhaitez modifier ce taux, vous pouvez contacter le service :

    par le site **www.impots.gouv.fr**

    par téléphone : **0 809 401 401**

Le lieu d'imposition en France

> ☺ *le choix du lieu d'imposition est également un levier fiscal à considérer attentivement lorsque disposant de plusieurs résidences la prise en charge de dépenses d'amélioration permet de réduire la facture des impôts à payer*

En effet, pour les contribuables domiciliés en France l'impôt est établi au lieu de leur résidence, s'ils ont une résidence unique en France ou, en cas de pluralité de résidences, au lieu du principal établissement.

Le choix par un foyer fiscal du lieu de résidence pour son imposition à l'IR, à condition bien sûr de disposer de plusieurs résidences (soit en pleine propriété, soit louées, peu importe), n'est pas neutre quant au montant de l'impôt à payer.

Ainsi, il est judicieux une année donnée de retenir une résidence pour laquelle par exemple des travaux d'économie d'énergie auront été entrepris puis l'année suivante une autre résidence pour laquelle également auront été financées des dépenses d'économie d'énergie. De même, un salarié qui opte pour la déduction à l'IR des frais réels de déplacement domicile/travail, selon les circonstances, peut trouver un intérêt en terme d'impôt sur le revenu de fixer un lieu de résidence qui maximise les frais à déduire.

Il reste à savoir alors, quelle est fiscalement la notion de résidence principale retenue pour le calcul de l'impôt.

Le lieu du principal établissement est celui où réside l'intéressé de façon effective et habituelle, sans qu'il y ait à se préoccuper du fait que le logement dont il dispose soit ou non sa propriété, qu'il corresponde ou non à son domicile civil ou au lieu d'exercice de sa profession, ou même qu'il soit loué au nom d'un tiers.

Lorsqu'il n'est pas possible de déterminer la résidence habituelle d'un contribuable, le service des impôts peut retenir d'autres critères, notamment : le lieu où il habite est une maison dont il est propriétaire, là où il a fait une demande d'ouverture de compte bancaire, là où il a déposé des réclamations fiscales ou encore le lieu de résidence le plus proche de celui où il exerce sa profession. En fait le lieu du principal établissement est celui où réside l'intéressé de façon effective et habituelle.

Le Conseil d'État retient des éléments factuels divers, il a ainsi jugé qu'un contribuable est réputé avoir son principal établissement non dans la commune où ses fonctions l'amènent à faire de fréquents séjours et où il ne possède, d'ailleurs, aucune résidence fixe, mais dans la commune où il dispose d'un appartement qu'il a pris en location meublée.

Le foyer fiscal

La notion de foyer fiscal est à bien connaître, notamment en ce qui concerne le rattachement d'un enfant sur la déclaration de revenus, ou bien également pour la différence d'appréciation entre l'impôt sur le revenu et l'Impôt sur la Fortune Immobilière.

Ainsi, le « foyer fiscal » désigne l'ensemble des personnes faisant l'objet d'une même déclaration d'impôt (exemple d'un foyer fiscal composé de deux parents mariés ou pacsés et de deux enfants mineurs, l'imposition étant alors établie au nom des parents à raison de la totalité des revenus perçus par tous les membres du foyer). A contrario, un ménage peut abriter plusieurs foyers fiscaux (par exemple, chaque concubin constitue à lui seul, au regard de la loi fiscale, un foyer fiscal).

Les revenus de chaque membre du foyer fiscal sont alors, dans un premier temps déterminés distinctement selon les règles propres à la catégorie dont ils relèvent puis, dans un second temps, additionnés en vue de leur imposition globale dans le cadre du foyer fiscal.

Exemple :

André est marié, il a perçu un revenu de 61 500 €. Son épouse, Adeline, a perçu un salaire net imposable de 20 000 €. André et Adeline seront imposés sur un revenu global de 81 500 € soit 61 500 € plus 20 000 €.

En application de la règle de l'imposition par foyer, les deux époux, quel que soit leur régime matrimonial, et les partenaires d'un Pacs, sont soumis à une imposition commune à raison tant des revenus réalisés par chacun d'eux que de ceux des enfants et autres personnes fiscalement à leur charge. C'est seulement dans des cas limitativement fixés par la loi que les époux ou les partenaires d'un Pacs font l'objet d'une imposition séparée (voir ci-dessous)

L'égalité de droits est reconnue aux deux époux ou aux partenaires d'un Pacs pour la souscription de la déclaration d'ensemble des revenus du foyer. Lorsqu'elle est signée (électroniquement par internet) par un seul des époux (mari ou femme) ou des partenaires, la déclaration est opposable à l'autre.

De même, chacun des époux ou des partenaires d'un Pacs a qualité pour suivre les procédures qui seraient engagées par le Fisc et relatives à l'impôt dû à raison de l'ensemble des revenus du foyer.

Par ailleurs, les époux et les partenaires de Pacs soumis à une imposition commune sont tenus solidairement au paiement de l'impôt sur le revenu mais en cas de divorce ou de séparation, chacun d'eux peut demander, sous certaines conditions, à être déchargé de cette obligation.

Dans quel cas les enfants mineurs peuvent être imposés distinctement ?

Par dérogation à la règle de l'imposition par foyer, la loi reconnaît au contribuable la faculté de réclamer des impositions distinctes pour ses enfants mineurs célibataires (pour l'un ou plusieurs d'entre eux) :

- s'il formule à cet effet une option expresse (pour chaque enfant et chaque année) ;

- et si le ou les enfants concernés ont des revenus personnels tirés de leur propre travail ou d'une fortune indépendante de la sienne. Dans ce dernier cas, non seulement le contribuable ne doit disposer d'aucun droit sur le patrimoine du ou des enfants mais il ne doit également pas pouvoir disposer des produits de ce patrimoine.

Lorsqu'elle est demandée, l'imposition distincte couvre nécessairement l'année entière et l'enfant cesse, corrélativement, d'être considéré comme à charge au titre de la même année. En contrepartie, l'établissement d'impositions distinctes peut permettre de limiter l'imposition aux taux les plus élevés ou, dans certains cas, de profiter de mesures prévues en faveur des contribuables de condition modeste (exonération, décote, abattements, notamment). Pour apprécier si l'imposition distincte peut ou non être avantageuse, il faut donc calculer pour chaque cas particulier le montant total des impôts qui seraient exigibles dans l'une et l'autre hypothèses.

Cas particulier de l'étudiant

Le Code général des impôts laisse le choix à tous les étudiants âgés de moins de 25 ans au 1er janvier de l'année au titre de laquelle l'imposition est établie de souscrire une déclaration de revenus à son nom ou bien de déclarer ses revenus sur la feuille d'impôts de ses parents (ou de l'un de ses deux parents s'ils déclarent leurs revenus séparément). On parle alors de rattachement au foyer fiscal des parents. La solution la plus avantageuse pour les parents dépendra notamment du montant des revenus reçus par l'étudiant.

Pour être rattaché au foyer fiscal de ses parents ou de l'un de ses parents, un enfant majeur âgé de 18 à 21 ans au 1er janvier de l'année d'imposition (ou de 18 à 25 ans s'il est étudiant) doit rédiger une demande de rattachement sur papier libre et la signer. Ses parents doivent la conserver au cas où le Fisc la leur réclamerait. Il ne leur restera plus qu'à remplir le cadre D de leur déclaration d'impôts en ligne ou de la page 2 de cette déclaration. Ce rattachement augmentera le nombre de parts de quotient familial comptabilisées dans le cadre de la déclaration de revenus des parents.

Cas particuliers d'enfants majeurs

A sa majorité, un enfant ayant vécu en résidence alternée choisit par écrit le parent auquel il souhaite être rattaché. L'autre parent qui ne bénéficie pas du rattachement peut déduire une pension alimentaire si les conditions sont remplies.

L'enfant qui vit à l'étranger peut demander son rattachement au foyer fiscal des parents si les conditions requises sont remplies. Un enfant recueilli lorsqu'il était mineur peut également demander son rattachement. Il en est de même pour un enfant recueilli devenu orphelin après sa majorité.

La situation fiscale des personnes vivant en union libre (concubinage)

La règle de l'imposition par foyer ne s'applique pas en pareil cas et donc chaque membre du couple est imposable séparément. Il est tenu de souscrire une déclaration de ses revenus personnels, dans laquelle il doit faire état, selon le cas, de sa situation de célibataire, de divorcé(e), de séparé(e) ou de veuf(ve), et prendre en compte les enfants mineurs dont il assume la charge d'entretien à titre exclusif ou principal ou dont il partage la charge pour moitié avec l'autre parent dans le cadre d'une résidence alternée. Celui des parents qui ne compte pas à charge le ou les enfant(s) conserve la possibilité, s'il verse une pension alimentaire, de déduire de son revenu global cette pension, étant entendu que cette pension entre alors dans le revenu imposable de celui qui a fiscalement la charge du ou des enfant(s).

Les enfants communs des concubins dont la charge d'entretien est partagée et dont aucun des parents ne justifie assumer cette charge à titre principal sont, à défaut d'accord entre les parents, réputés être à la charge égale de chacun d'eux. Ils ouvrent droit, pour chaque parent, à une majoration de quotient familial égale à la moitié de celle qui leur serait accordée si ces enfants étaient à leur charge exclusive ou principale.

Les cas d'imposition séparée des époux et partenaires d'un Pacs

Les époux font l'objet d'impositions distinctes dans les trois cas suivants (cas limitatifs) :

1. lorsqu'ils sont mariés sous le régime de la séparation de biens ou celui de la participation aux acquêts et qu'ils ne vivent pas sous le même toit (il n'y a pas lieu de rechercher si la rupture de la vie commune provient de dissentiment entre les intéressés ou d'une cause indépendante de leur volonté) ;

2. lorsqu'étant en instance de séparation de corps ou de divorce, ils ont été autorisés par le Juge à avoir des résidences séparées ;

3. lorsqu'en cas d'abandon du domicile conjugal par l'un ou l'autre des époux, chacun dispose de revenus distincts (l'habitation séparée des époux ou partenaires d'un Pacs doit résulter d'une rupture effective du foyer et non de l'éloignement temporaire et accidentel des intéressés).

Les partenaires d'un Pacs sont, eux aussi, imposés séparément lorsqu'ils sont dans des situations équivalentes. Dans le premier cas visé ci-dessus, cela suppose qu'ils soient placés sous le régime de droit commun de la séparation des biens (Pacs conclus depuis le 1-1-2007) ou sous un régime conventionnel équivalent (Pacs conclus antérieurement). Dans le troisième cas, l'abandon de domicile concerne le domicile commun. Le deuxième cas ne leur est pas applicable.

L'imposition séparée s'applique dès l'année (et pour l'ensemble de l'année) où se réalise l'une des conditions exposées ci-dessus. A l'inverse, dès que l'une de ces conditions cesse d'être remplie en cours d'année, les époux ou partenaires (dont le mariage ou le Pacs n'est pas juridiquement dissous) sont soumis à une imposition commune sur l'ensemble de leurs revenus.

Lorsque survient un changement de la situation matrimoniale, les époux et les partenaires d'un Pacs sont soumis à une imposition commune pour les revenus dont ils ont disposé pendant l'année du mariage ou de la conclusion du Pacs. Ils peuvent toutefois opter pour l'imposition distincte de ces revenus.

L'année du divorce, de la séparation ou de la dissolution du Pacs, l'imposition distincte des revenus est obligatoire.

L'année du mariage ou du Pacs, les époux ou partenaires sont, en principe, soumis à une imposition commune pour l'année entière. Ils peuvent, toutefois, opter pour l'imposition distincte de leurs revenus. L'imposition correspondante est établie en tenant compte de leur situation au 31 décembre (soit celle de mariés ou de pacsés) et de leurs charges de famille au 1er janvier (ou au 31 décembre si ces charges ont augmenté en cours d'année). Le quotient familial qui leur est applicable est déterminé selon les règles de droit commun. En cas d'option pour une imposition séparée, chacun des époux ou partenaires souscrit une déclaration dans laquelle il fait état des revenus dont il a personnellement disposé pendant toute l'année ainsi que de la quote-part justifiée des revenus communs lui revenant ou, à défaut de justification de cette quote-part, de la moitié des revenus communs. En dépit de sa situation juridique au 31 décembre, chacun des intéressés est fiscalement assimilé à un contribuable célibataire pour la détermination de son quotient familial.

En cas d'imposition séparée, les enfants (enfants communs du couple ou enfants issus d'une précédente union) ne doivent être comptés à charge que par un seul des parents. L'autre parent peut, le cas échéant, déduire une pension alimentaire.

L'année d'une séparation ou d'un divorce

L'année où survient l'un des événements entraînant l'imposition séparée des époux ou partenaires d'un Pacs, chaque époux ou partenaire est imposé distinctement sur les revenus dont il a disposé pendant l'année ainsi que sur la quote-part justifiée des revenus communs lui revenant ou, à défaut de justification de cette quote-part, sur la moitié des revenus communs.

L'imposition de chacun des intéressés est établie en retenant un quotient familial de base d'une part et les charges de famille existant au 1er janvier, ou au 31 décembre, si ces charges ont augmenté en cours d'année. Ces charges doivent être réparties entre les conjoints ou partenaires.

Le cas échéant, chacun peut bénéficier, s'il vit seul au 31 décembre, de la majoration de quotient familial.

Ces règles sont également applicables en cas de divorce ou de dissolution du Pacs au cours de l'année d'imposition sauf, bien entendu, si la séparation des époux ou partenaires a déjà entraîné leur imposition séparée à compter d'une date antérieure au divorce ou à la dissolution du pacte.

En cas de changements de situation successifs

Dans cette situation, il n'est tenu compte pour chaque personne imposée que de la situation résultant du dernier changement le concernant. Ainsi, une personne qui divorce et se remarie dans la même année fait l'objet d'une imposition commune avec sa nouvelle épouse sur l'ensemble de l'année (sauf option de chacun d'eux pour une imposition distincte de leurs revenus). Si son ex-conjointe demeure célibataire, celle-ci est imposée distinctement toute l'année.

Pour le calcul des impositions séparées, les revenus fonciers, les revenus de capitaux mobiliers et les gains de cessions de valeurs mobilières dont le couple a disposé au cours de l'année de l'évènement sont réputés communs, sauf justification de la propriété exclusive de l'(ex) époux ou (ex) partenaire sur les biens ou sommes à l'origine de ces revenus ou profits ou d'une répartition réelle différente (preuve pouvant résulter, notamment, d'un acte notarié). Les traitements et salaires, les pensions et rentes viagères, les bénéfices professionnels et les rémunérations allouées aux gérants et associés de certaines sociétés constituent des revenus personnels.

Foyer fiscal et impôt sur la fortune immobilière (IFI)

La notion de **foyer fiscal** est très importante pour le calcul de IFI. En effet, l'ensemble des biens détenus par les membres du foyer fiscal sont pris en compte dans le calcul de la valeur nette du patrimoine qui elle-même détermine l'entrée dans l'IFI. Or, contrairement à ce qui se passe pour l'impôt sur le revenu, les personnes vivant en union libre sont considérées comme les membres d'un seul et même foyer fiscal pour l'IFI. Dans le cadre de l'IFI, le foyer fiscal ne prend jamais en compte les enfants majeurs, y compris ceux qui sont rattachés au foyer fiscal dans le cadre l'impôt sur le revenu. En revanche, les biens appartenant aux enfants mineurs sont, eux, pris en compte dans le calcul.

Les parts fiscales et le quotient familial

Le foyer fiscal est l'unité familiale en matière d'impôt sur le revenu. Il donne lieu au décompte de ce que l'on appelle des « parts fiscales » qui sont utilisées pour calculer un « quotient familial ».

Pour l'administration, le foyer fiscal correspond à une situation de famille. Il est délimité par un certain nombre de personnes. Les personnes qui composent le foyer fiscal sont appelées parts fiscales. Le nombre de parts fiscales qui composent votre foyer est essentiel, car il influe sur le montant du quotient familial, ratio clé dans le calcul de l'impôt sur le revenu. Pour calculer le nombre de parts fiscales, vous devez prendre en compte les personnes représentantes de votre foyer ainsi que les personnes à charge (enfants, personnes âgées ou invalides...), sachant que le nombre d'enfants ou ceux en garde alternée ne donnent pas le même nombre de parts fiscales dans le foyer.

<u>A noter</u> : plus la différence de revenus entre deux personnes vivant ensemble est importante, plus il est intéressant d'être imposé ensemble :

- si l'un gagne 80 000 € et l'autre ne perçoit aucun revenu, l'impôt pour une imposition commune (2 parts fiscales) s'établit à 12 400 € alors qu'une imposition séparée de chacun aboutit à un impôt total de 18 100 €

- si chacun gagne 40 000 € l'impôt pour une imposition séparée est sensiblement égal à une imposition commune soit environ 12 500 €

- en cas d'enfants, leur rattachement ou non à un foyer unique ou à l'un des conjoints, sont autant de combinaisons possibles dont l'incidence fiscale est loin d'être neutre et doit s'apprécier cas par cas.

Les personnes à charge fiscalement

Les personnes à charge augmentent le nombre de parts de quotient familial et réduisent l'imposition.

Sont considérés comme étant à la charge du contribuable :

- Les enfants mineurs au 1er janvier de l'année d'imposition ; un enfant mineur de moins de 18 ans que vous recueillez peut être considéré à charge (petit-enfant hébergé dont vous assumez la charge, l'enfant de votre concubin sans ressources, enfant privé de sa famille d'origine accueilli bénévolement, ...)

- Les enfants de moins de 21 ans ou de moins de 25 ans (s'ils poursuivent leurs études), sur option du contribuable,

- Les enfants infirmes, quel que soit leur âge,

- Toute personne titulaire de la carte d'invalidité, vivant sous le toit du contribuable,

- Les personnes âgées de plus de 75 ans autres que vos ascendants vivant sous le toit du contribuable

- Les ascendants (parents, grands-parents, adoptants) vivant sous le toit du contribuable

En règle générale, les deux premières personnes à charge donnent droit à une demi-part. Chaque personne supplémentaire ajoute une part entière.

Exemple :

Une famille avec 4 enfants bénéficiera de 5 parts de quotient familial (2 parts pour les parents, 1 part pour les 2 premiers enfants, 2 parts pour les 2 enfants suivants).

Comment calculer les parts fiscales de son foyer

Pour calculer le nombre de parts fiscales, vous devez d'abord délimiter votre foyer fiscal, selon la règle suivante :

- une personne seule représente un foyer fiscal
- un couple marié ou pacsé représente un foyer fiscal
- un couple en concubinage comporte deux foyers fiscaux (chaque personne étant considérée comme seule par l'administration puisqu'aucun lien juridique - tel que le mariage ou le pacs - ne les lie)

Ainsi, un couple marié ou pacsé établira une déclaration de revenus commune. Pour un couple en concubinage, chaque membre devra établir sa propre déclaration de revenus et devra payer son propre impôt sur le revenu.

Le nombre de parts fiscales dans le foyer est calculée comme suit :
- une personne célibataire qui vit seule est un foyer fiscal comprenant une personne, soit une part fiscale
- un couple marié ou pacsé représente un foyer fiscal comprenant deux personnes, soit deux parts fiscales

- un couple en concubinage représente deux foyers distincts ; chaque foyer comporte une part fiscale

Le calcul des parts fiscales pour enfants à charge est le suivant :

- un couple marié ou pacsé + 1 enfant à charge = 2.5 parts fiscales
- un couple marié ou pacsé + 2 enfants à charge = 3 parts fiscales
- un couple marié ou pacsé + 3 enfants à charge = 4 parts fiscales
- un couple marié ou pacsé + 4 enfants à charge = 5 parts fiscales
- à partir de 3 enfants = 1 part par enfant supplémentaire

On peut voir qu'un enfant à charge représente une demi-part fiscale dans le foyer pour les deux premiers enfants. À partir du troisième, un enfant représente une part fiscale. Notez que les enfants à charge peuvent être les enfants légitimes, naturels, adoptifs et/ou recueillis au cours de leur minorité par le foyer.

En cas de garde alternée des enfants :

Pour un couple marié, pacsé ou une personne veuve qui accueille un ou plusieurs enfant(s) dans le foyer en situation de garde alternée, le nombre de parts fiscales du foyer est ainsi :

- un couple marié, pacsé ou une personne veuve + 1 enfant en garde alternée au sein du foyer : 2.25 parts fiscales dans le foyer
- un couple marié, pacsé ou une personne veuve + 2 enfants en garde alternée au sein du foyer : 2.5 parts fiscales dans le foyer
- un couple marié, pacsé ou une personne veuve + 3 enfants en garde alternée au sein du foyer : 3 parts fiscales dans le foyer
- un couple marié, pacsé ou une personne veuve + 4 enfants en garde alternée au sein du foyer : 3.5 parts fiscales dans le foyer

Pour une personne célibataire, divorcée ou séparée qui accueille un ou plusieurs enfant(s) dans le foyer en situation de garde alternée, le nombre de parts fiscales est ainsi :

- une personne + 1 enfant en résidence alternée au sein du foyer : 1.25 part fiscale dans le foyer
- une personne + 2 enfants en résidence alternée au sein du foyer : 1.5 part fiscale dans le foyer
- une personne + 3 enfants en résidence alternée au sein du foyer : 2 parts fiscales dans le foyer
- une personne + 4 enfants en résidence alternée au sein du foyer : 2.5 parts fiscales dans le foyer

Les demi-parts supplémentaires

Certaines situations donnent droit à des demi-parts supplémentaires :

- Les parents isolés (qui élèvent seuls leurs enfants)
- Les personnes vivant seules et ayant élevé seules leurs enfants durant 5 ans dans le passé
- Les personnes ayant une carte d'invalidité de 80%
- Les personnes disposant d'une pension militaire ou d'accident du travail pour une invalidité de 40%
- une personne titulaire de la carte de victime de guerre, d'une pension militaire ou d'ancien combattant = une demi-part supplémentaire pour le foyer fiscal, sous certaines conditions
- une personne âgée de plus de 74 ans au 31 décembre 2019 = une demi-part fiscale supplémentaire pour le foyer, sous certaines conditions d'invalidité

Le calcul du quotient familial

Le nombre de parts fiscales dans votre foyer est important, car il détermine le montant de votre quotient familial - ratio utilisé dans le calcul de l'impôt sur le revenu (et plus précisément pour déterminer le taux d'imposition applicable au foyer). Le quotient familial de votre foyer est calculé ainsi :

Revenu net imposable du foyer / nombre de parts fiscales

Moins le quotient familial est élevé, moins le taux d'imposition pratiqué est élevé. En version ultra simplifiée : un nombre élevé de parts fiscales = un petit quotient familial = un petit taux d'imposition = moins d'impôt sur le revenu à payer

Le plafonnement du quotient familial

Attention, si le revenu net imposable du foyer fiscal dépasse un certain montant, la demi-part supplémentaire normalement octroyée pour un enfant ou une personne à charge ne produira pas les mêmes effets sur le calcul de l'impôt sur le revenu. Dit autrement, l'effet positif d'une demi-part supplémentaire (sur le montant d'impôt sur le revenu à payer) est minoré, à partir d'un certain plafond de revenu net imposable du foyer.

Les effets du plafond familial (avantage fiscal escompté) sont plafonnés à 1 791 euros par demi-part supplémentaire (cas général).

Un couple avec deux enfants pourra réaliser une économie d'impôt maximale de 3 582 euros.

Le choix du rattachement ou non d'un enfant majeur étudiant à votre foyer fiscal doit se poser chaque année et pour chaque enfant. Des simulations chiffrées sont incontournables pour arbitrer entre le rattachement ou la déduction d'un pension alimentaire (déductible du revenu global dans la limite de 6 794€/enfant).

Les contribuables imposés au taux marginal de 30% ou plus ont intérêt à déduire une pension alimentaire qui procure un avantage en impôt supérieur (2 038 € soit 6 794 * 0,3) à celui du rattachement étant donné le plafonnement du quotient familial à 1 791€.

Les parts fiscales et la déclaration de revenus

Votre déclaration de revenus vous demandera de compléter certaines informations personnelles, permettant à l'administration de calculer le nombre de parts fiscales de votre foyer, votre quotient familial, le revenu net imposable puis le montant d'impôt sur le revenu à payer.

> ☺ *Évaluez bien votre situation personnelle et identifiez les différents choix possibles de façon à retenir la solution la plus économique en terme d'impôt à payer.*

CHAPITRE 3

Les gains et les recettes

☺ *tout ce que l'on perçoit est imposable mais des revenus exonérés d'impôt, oui cela existe encore, cependant leur liste s'amoindrit année après année, repérons les. Des revenus exceptionnels ? Demandez leur étalement pour éviter une surimposition.*

Sur le principe, c'est simple, tout revenu, gain, recette, perçu est imposable, quel que soit son montant, quelle que soit sa nature.

En matière d'impôt, les revenus sont d'abord classés dans des catégories selon leur source (revenus des salariés, bénéfices agricoles, bénéfices commerciaux,…) et pour chacune de ces catégories les montants imposables sont calculés selon des règles propres. Ils sont ensuite additionnés pour constituer le revenu global imposable.

Un seuil d'exonération du revenu global, qui ne dépasse pas un certain montant est fixé, il varie en fonction du nombre de parts fiscales.

D'autre part, certains gains ou revenus provenant d'activités bien identifiées par la Loi, dans certaines limites et sous certaines conditions, ouvrent droit à exonération d'impôt.

Enfin, si vous touchez une année donnée des revenus qui peuvent être qualifiés d'exceptionnels ou d'autres qui se rapportent à des années antérieures, vous avez la possibilité d'atténuer les effets du barème progressif de l'impôt en sollicitant un étalement des impositions selon un dispositif nommé « système du quotient ».

Quelques seuils d'exonération

Par exemple, pour 2025, les personnes vivant seules sans enfants à charge sont exonérés d'impôt si leurs revenus imposables 2024 ne dépassent pas pour l'année 17 436 €. La limite de non-imposition passe à 32 573 € pour un couple sans enfant faisant l'objet d'une imposition commune.

Les gains, recettes et revenus exonérés d'impôt

La liste des exonérations a tendance à se réduire d'année en année !

La loi prévoit explicitement les exonérations suivantes :

Salariés et chômeurs : sont exonérés :

- La contribution des employeurs à l'achat de **titres-restaurants** dans la limite des **plafonds d'exonération des titres-restaurants.**
- La prise en charge de 50% des **frais de transport des salariés.**
- La contribution des employeurs à l'achat de « **chèques-vacances** » dans la limite d'un Smic mensuel par salarié et par an.
- Les primes versées aux salariés qui reçoivent la **médaille du Travail** dans la limite d'un salaire mensuel.
- Les sommes versées aux salariés dans le cadre de l'intéressement et de la participation aux résultats sous certaines limites.

- Certaines **indemnités de rupture** du contrat de travail, pour tout ou partie.
- Les indemnités de licenciement versées en dehors d'un plan de sauvegarde pour l'emploi (PSE) sont exonérées à hauteur du plus élevé des montants suivants : l'indemnité prévue par la convention collective, la moitié de l'indemnité reçue, deux fois la rémunération annuelle brute ; en tout état de cause l'exonération est limitée à 263 952 €
- les indemnités versées dans le cadre de la rupture conventionnelle, sous certaines conditions, de même que les indemnités versées dans le cadre d'un PSE
- l'indemnité de mise à la retraite par l'employeur dans la limite du montant prévu par la convention collective
- L'aide exceptionnelle de fin d'année (« prime de Noël ») versée aux bénéficiaires de l'**ASS**, de l'AR et de l'AI.
- La rémunération des heures supplémentaires est exonérée dans la limite de 7 500 € et la prime de partage de la valeur ajoutée dans la limite de 3 000 ou 6 000 €.
- Les rémunérations versées au titre du rachat par l'employeur des jours de repos ou de réduction du temps de travail (RTT) acquis entre le 1/1/2022 et le 31/12/2025 sont exonérées d'impôt sur le revenu dans la limite annuelle de 7 500 €.

Retraites et pensions

Sont également exonérés d'impôt :

- la retraite mutualiste du combattant ;
- les pensions militaires d'invalidité et de victime de guerre ;
- l'allocation aux vieux travailleurs salariés (AVTS) ;

- l'allocation spéciale vieillesse ;
- l'allocation supplémentaire (ex : FNS) ;
- l'allocation personnalisée d'autonomie (APA) ;
- les indemnités temporaires, prestations et rentes viagères servies pour accidents du travail ou maladies professionnelles à hauteur de 50% ;
- la majoration de retraite pour assistance d'une tierce personne ;
- la majoration de retraite pour charges de famille ;
- l'allocation aux adultes handicapés (AAH) ;
- l'avantage correspondant aux sommes déduites pour l'accueil d'une personne de plus de 75 ans ;
- la somme versée sous forme de rente ou de capital aux orphelins de parents victimes de persécutions antisémites ;
- l'allocation de reconnaissance versée aux rapatriés, anciens membres des formations supplétives de l'armée française en Algérie (harkis) ou à leurs conjoints survivants et non remariés.
- la prime de partage de la valeur (« prime Macron ») aux salariés dont la rémunération perçue est inférieure à trois fois le SMIC annuel et dans la limite de 3 000 € voire 6 000 €
- la rémunération des jobs étudiants dans la limite annuelle d'une rémunération inférieure à trois fois le montant mensuel du SMIC soit 5 358 €
- les alternants et stagiaires sont exonérés jusqu'à 20 988 €
- les sommes perçues à titre de dédommagement par les aidants familiaux non salariés qui viennent en aide à une personne dépendante de leur entourage

Allocations et prestations sociales

La plupart des aides sociales sont exonérées :

- les prestations familiales légales : allocations familiales, complément familial, allocation logement ;
- les sommes perçues au titre du RSA ;
- l'indemnité de cessation d'activité et l'indemnité complémentaire perçues dans le cadre du dispositif de préretraite amiante ;
- les indemnités journalières d'accident du travail ou de maladies professionnelles ;
- les indemnités journalières de maladie versées aux assurés reconnus atteints d'une maladie comportant un traitement prolongé et des soins particulièrement coûteux (art. L 322 -3-3° ou 4° du Code de sécurité sociale) ;
- l'aide financière aux services à la personne accordée notamment sous la forme du CESU préfinancé par l'employeur ou le comité social et économique (CSE) sous certaines limites.les indemnités journalières de maternité supplémentaires attribuées de manière individuelle (pour les femmes assurées sociales dont le métier comporte des travaux incompatibles avec leur état) ;
- les indemnités de maternité versées aux femmes exerçant une activité professionnelle non salariée (en dehors de l'indemnité de remplacement des conjointes collaboratrices) ;
- 50 % des indemnités journalières d'accident du travail et de maladie professionnelle ;
- les allocations d'assistance et d'assurance versées par l'État, les collectivités et les établissements publics ;

- les allocations aux handicapés (allocation d'éducation de l'enfant handicapé, allocation aux adultes handicapés, etc.) ;
- les rentes viagères représentant des dommages et intérêts, perçues à la suite d'une incapacité permanente totale ;
- les prestations, les rentes, les indemnités versées en cas de maladie aux victimes des accidents du travail
- la prime d'activité ;
- l'aide exceptionnelle de fin d'année versée aux bénéficiaires de certains minima sociaux (appelée « prime de Noël ») ;
- la prime de déménagement ;
- l'allocation aux adultes handicapés (AAH) ;
- la prestation compensatrice de handicap ;
- le complément de ressources de l'AAH ;
- la majoration pour vie autonome ;
- le complément d'allocation aux adultes handicapés.

Autres revenus exonérés

- Le livret d'épargne populaire ;
- le livret A
- Le compte d'épargne-logement ouvert avant le 1.1.2018;
- Le plan d'épargne-logement ouvert avant le 1.1.2018 et de moins de 12ans;
- Le livret jeune ;
- Le livret de développement durable ;
- Le livret d'épargne-entreprise ;

- Le PEP
- les gains relatifs aux jeux d'argent et de hasard (loto, poker, casino…) mais attention de ne pas devenir joueur de poker professionnel (il est imposable)
- la vente de fruits et légumes : vous n'êtes pas imposable si votre potager est accolé à votre propriété bâtie et d'une superficie inférieure à 500 m²

Pour les ventes à caractère occasionnel

Si vous vendez des biens que vous ne souhaitez plus conserver, que ces ventes ont un caractère occasionnel et sont réalisées dans le cadre de la gestion de votre patrimoine privé, il ne s'agit pas d'une activité professionnelle. Par conséquent, les revenus correspondants ne sont pas imposables.

Cependant, dans certains cas, vous devez tout de même déclarer ces revenus :

- pour la cession de métaux précieux ou si le prix de cession des bijoux, objets d'art, de collection ou d'antiquité est supérieur à 5 000 €. Vous êtes alors soumis à la taxe forfaitaire sur les métaux précieux dont vous devez vous acquitter dans le mois de la cession via l'imprimé administratif n°2091.
- pour la cession d'autres biens dont le prix de cession est supérieur à 5000 € (hors meubles électroménagers ou automobiles qui sont exonérés) vous êtes soumis au régime des plus-values de cession biens meubles au taux de 19 %

Pour les ventes sur les sites en ligne : seuls les revendeurs professionnels sont fiscalisés

Vous revendez votre machine à laver, les habits de votre nouveau-né désormais trop petits ou encore votre vieille voiture sur le net ? Rassurez-vous, le Fisc ne prendra rien sur ces gains. Résultat, la plupart du temps, les revendeurs particuliers n'ont donc pas à reporter sur leur déclaration de revenu l'argent de la revente d'objets ayant déjà servi.

Seules exceptions : celles précisées ci-dessus concernant les métaux précieux, ou, pour un montant supérieur à 5 000 euros, les bijoux, objets d'arts, antiquités et tout objet d'occasion autre que de l'électroménager, des meubles ou une automobile.

A l'inverse, si l'activité revêt un caractère professionnel, c'est-à-dire si un particulier achète ou fabrique des biens spécialement dans l'optique de les revendre en ligne, les revenus générés sont imposables.

Quant aux services rémunérés : si vous proposez des services contre une rémunération, vous devez déclarer les revenus correspondants chaque année. (Exercice d'une science ou d'un art, soutien scolaire, etc.)

Les gains issus de la location d'un logement sur une plateforme collaborative sont soumis à l'impôt sur le revenu également. Airbnb, par exemple, rapporte en moyenne 2 100 euros à ses hôtes en France, selon une étude menée par la plateforme de location de logements entre particuliers. Le chiffre atteint même 2 300 euros à Paris. Qu'ils soient générés via Airbnb et consorts ou non, les gains provenant de la location d'un logement meublé – l'appartement que vous louez lorsque vous partez le week-end, par exemple – sont imposables à l'impôt sur le revenu. Il s'agit en effet d'une activité commerciale de location en meublé.

Il existe néanmoins deux cas d'exonération. Premièrement, si vous louez tout ou partie de votre résidence principale, de manière saisonnière, pour un gain inférieur à 760 euros par an, alors vous n'avez pas à l'indiquer au Fisc. Il en va de même si, tout en occupant votre logement cette fois, vous en louez une partie à un prix plafonné, qui dépend de sa localisation. Ce plafond est ainsi de 206 euros par an et par mètre carré en Ile-de-France.

Quid de la location de sa voiture sur Drivy ou sur Ouicar ? Le Fisc considère qu'il s'agit aussi d'une activité commerciale et donc taxe les revenus ainsi perçus.

En revanche, les gains des utilisateurs d'une plateforme comme Blablacar ne sont pas fiscalisés. Le covoiturage est en effet fiscalement neutre, si cela reste dans le cadre d'un « partage des frais » (critère retenu par le législateur). Dans le détail, pour ne pas être taxé, vous devez faire le trajet aussi pour votre propre compte, une partie des frais occasionnés (carburant et péage) doit rester à votre charge et le prix total ne doit pas excéder le barème kilométrique. Ces trois caractéristiques sont remplies en passant par une plateforme de covoiturage. C'est en revanche ce qui distingue les covoitureurs sur Blablacar des chauffeurs sur Uber qui réalisent, eux, une activité commerciale et sont donc taxés.

Les revenus mobiliers

Les revenus imposables

Vos revenus mobiliers proviennent des valeurs que vous possédez (actions, parts de SARL, obligations, bons de capitalisation, contrats d'assurance-vie, etc.). Ils ne doivent pas être confondus avec les plus-values mobilières que vous encaissez lors de la cession de ces mêmes valeurs.

Ces revenus peuvent provenir de placements à revenus fixes ou de placements à revenus variables.

- Plusieurs catégories de placements à revenu fixe existent :
    - les obligations et autres titres d'emprunt négociables ;

- les bons émis par le Trésor ;
- les bons de caisse ;
- les créances, les dépôts et les cautionnements ;
- les comptes sur livrets (livrets bancaires ordinaires rémunérés) ;
- les livrets d'épargne entreprise (LEE) ouverts depuis le 1er janvier 2014 ;
- les plans d'épargne logement de plus de 12 ans ;
- les comptes à terme (CAT) ;
- les revenus de SICAV et FCP (fonds commun de placement) monétaires ;
- les contrats ou bons de capitalisation ;
- les comptes courants d'associés rémunérés.

Ces revenus de placements sont appelés, selon les cas, produits ou intérêts.

- Les placements à revenu variable (participations dans le capital de sociétés, dividendes, etc.) produisent des revenus aléatoires d'une année sur l'autre et se répartissent ainsi :

- les dividendes, acomptes sur dividendes et répartitions exceptionnelles ; il s'agit des distributions les plus fréquentes. Ce sont les sommes que l'assemblée générale annuelle des associés décide de répartir. Ces sommes correspondent aux bénéfices de l'exercice, ou parfois à certaines réserves.
- les distributions liées à une modification du capital de la société. Il s'agit des remboursements d'apports ou des primes d'émission versés aux associés ou actionnaires. Pour cela, il faut que tous les bénéfices et les réserves autres que la réserve légale aient été auparavant répartis.
- la distribution du boni de liquidation : il s'agit des remboursements effectués consécutivement à la liquidation de la société. Le boni de

liquidation taxable est égal à la différence entre l'actif net de la société au jour de la liquidation et le montant des apports réels ou assimilés

Vos revenus de placements à revenus variables sont appelés, selon les cas, dividendes ou distributions .

La taxation à l'impôt sur le revenu

Les revenus de vos placements financiers perçus depuis le 1.1.2018 sont soumis, sauf exceptions, au prélèvement forfaire unique (**PFU** appelé aussi « flat tax ») de 30 %, soit 12,8 % d'impôt sur le revenu et 17,2 % de prélèvements sociaux. Toutefois, si vous y avez intérêt, vous pouvez opter pour l'imposition au barème progressif de l'ensemble de vos revenus de capitaux mobiliers et des plus-values de cession de valeurs mobilières (l'option partielle pour certains des revenus mobiliers n'est pas possible).

Dans tous les cas les établissements payeurs appliquent lors du versement des revenus, un prélèvement forfaitaire obligatoire de 12,8 % qui est, selon les cas libératoire de l'impôt sur le revenu, soit non libératoire, en cas d'option pour le barème progressif de l'impôt sur le revenu par exemple.

Vous pouvez demander à être dispensé de ce prélèvement sur les revenus de l'année en cours si le revenu fiscal de référence de votre foyer fiscal au titre de l'avant-dernière année ne dépasse pas certaines limites (revenu fiscal de référence de 2021 pour les revenus perçus en 2023) :

Pour les produits de placement à revenu fixe (intérêts), peuvent être dispensés du prélèvement forfaitaire obligatoire les contribuables dont le revenu fiscal de référence de l'avant-dernière année est inférieur à :

- 25 000 € pour les célibataires, veufs ou divorcés ;
- 50 000 € pour les personnes mariées ou pacsées soumis à une

imposition commune.

Pour les revenus distribués (dividendes), peuvent être dispensés du prélèvement forfaitaire obligatoire les contribuables dont le revenu fiscal de référence de l'avant-dernière année est inférieur à :

- 50 000 € pour les célibataires, veufs ou divorcés ;
- 75 000 € pour les mariés ou pacsés soumis à une imposition commune.

Vous pouvez ainsi demander à être dispensé de ce prélèvement en fournissant à votre établissement financier une attestation sur l'honneur certifiant que le revenu de votre foyer fiscal de l'avant dernière année ne dépasse pas les limites susvisées.

Cette demande de dispense doit être présentée à votre banque avant le 30 novembre de l'année précédant l'encaissement des revenus.

Lors de la taxation de votre déclaration de revenus, le prélèvement obligatoire vous sera restitué sous la forme d'un crédit d'impôt, pris en compte dans le calcul de votre impôt. Si son montant excède l'impôt dû, il vous sera remboursé.

Le principe, c'est l'imposition au PFU

Pour votre déclaration de revenus, les revenus de capitaux mobiliers (RCM) sont donc soumis, sauf exceptions, au prélèvement forfaire unique de 12,8 % (auquel s'ajoutent les prélèvements sociaux au taux de 17,2%).

Ces mêmes règles s'appliquent aux plus-values réalisées lors de la cession des valeurs mobilières.

Toutefois, les produits des bons ou contrats de capitalisation ou d'assurance-vie de plus de 8 ans afférents à des versements effectués à depuis le

27.9.2017 et correspondant à des primes n'excédant pas 150 000 € sont soumis au prélèvement au taux de 7,5%.

Par ailleurs, les produits des bons ou contrats de capitalisation ou d'assurance-vie afférents à des versements effectués avant le 27.9.2017 continuent de bénéficier du régime applicable avant cette date : imposition au barème progressif sauf si vous avez opté pour le prélèvement forfaitaire libératoire au moment du versement de ces produits.

Les produits des bons ou contrats de capitalisation ou d'assurance-vie de plus de 8 ans afférents à des versements effectués avant le 27.9.2017 ou après cette date bénéficient d'un abattement de 4 600 € (personne seule) ou 9 200 € (couple marié soumis à imposition commune).

Lorsque vos revenus de capitaux mobiliers sont imposés au PFU, l'abattement de 40 % sur les dividendes ne s'applique pas, les frais et charges ne sont pas déductibles, les déficits RCM des années antérieures ne s'imputent pas et aucune CSG déductible n'est calculée au titre des RCM.

Sur option, c'est l'imposition au barème progressif

Si vous y avez intérêt, vous pouvez opter pour l'imposition au barème progressif de l'ensemble de vos revenus de capitaux mobiliers et de vos plus-values de cession de valeurs mobilières en cochant la case 2OP de votre déclaration de revenus.

Dans ce cas, l'abattement de 40 % s'applique sur les dividendes éligibles (calculé automatiquement par l'administration) et les frais et charges sont déductibles. Les déficits de la catégorie des « Revenus de Capitaux Mobiliers » (RCM) des années antérieures s'imputent et une fraction de la CSG afférente aux RCM est déductible du revenu global.

Certains revenus distribués sont exclus de l'abattement de 40 % : il s'agit notamment des jetons de présence, des revenus distribués à titre d'avance ou d'acomptes aux associés, des revenus distribués par des sociétés établies dans des Etats avec lesquels la France n'a pas signé de convention fiscale, des bénéfices provenant de participations dans des structures soumises à un régime fiscal privilégié, des distributions provenant de bénéfices dans des sociétés d'investissements immobiliers cotées ou des sociétés de placement à prépondérance immobilière à capital variable.

La déduction des frais financiers

Vos revenus de placements financiers sont pris en compte pour le calcul de l'impôt sur le revenu au barème progressif après déduction de certains frais engagés pour leur acquisition et leur conservation.

Ainsi sont admis en déduction pour leur montant réel et justifié :

- les frais de garde des titres ;
- les frais d'encaissement des coupons (en général l'établissement payeur les a déjà déduits) ;
- les frais de location de coffre ;
- les primes d'assurance concernant des valeurs mobilières si l'objet n'est pas de garantir une dépréciation de ces valeurs.

Par exception, ne sont pas déductibles :

- les frais et charges destinés à accroître ou à conserver le capital, par exemple les intérêts des emprunts contractés pour l'acquisition de valeurs mobilières ;
- les frais relatifs aux revenus de créances ;
- les frais relatifs aux revenus exonérés (ex. : frais de garde de titres figurant dans un PEA), aux revenus ayant supporté le prélèvement libératoire et aux revenus imposés à un taux forfaitaire.

Lorsque les frais déductibles sont supérieurs aux revenus de placement financiers imposables, un déficit est constaté. Ce déficit est uniquement reportable sur les revenus de capitaux mobiliers des 6 années suivantes.

La taxation des produits des bons et contrats de capitalisation et d'assurance vie

Pour tous les versements effectués avant le 27/09/2017, les produits y afférents sont soumis au barème progressif de l'IR mais peuvent sur option être soumis au PFU.

Le taux du prélèvement varie selon l'année du retrait ou du dénouement en capital du contrat et la date de souscription du contrat :

- Durée égale ou supérieure à 8 ans
  En cas de rachat ou de dénouement après 8 ans, les produits acquis ou constatés peuvent être soumis à un prélèvement forfaitaire libératoire de 7,5%. Ils bénéficient d'un abattement annuel de 4 600 € (personnes seules) ou 9 200 € (couples soumis à une imposition commune) appliqué a posteriori, lors de la taxation de la déclaration de revenus.

- Durée inférieure à 8 ans
  En cas d'option pour le prélèvement forfaitaire, les taux applicables aux produits (sans abattement préalable) sont de :
    - 35 % lorsque la durée du contrat est inférieure à 4 ans ;
    - 15 % lorsque cette durée est supérieure ou égale à 4 ans.

A défaut d'option pour le prélèvement libératoire, les produits sont taxés au barème progressif.

Le prélèvement forfaitaire libératoire s'applique <u>obligatoirement</u> aux

produits suivants :

- Les produits de l'épargne solidaire

Les produits de placements à revenu fixe abandonnés au profit d'organismes d'intérêt général sont soumis à un prélèvement de 5 %.

- Les produits payés dans un Etat ou Territoire Non Coopératif (ETNC)

Le prélèvement appliqué est de 75 %.

Les revenus exonérés

Sont concernés par l'exonération les intérêts de certains comptes sur livret :

- Le livret d'épargne populaire ;
- Le livret A ;
- Le compte d'épargne-logement ouvert avant le 1.1.2018 ;
- Le plan d'épargne-logement ouvert avant le 1.1.2018 et de moins de 12ans ;
- Le livret jeune ;
- Le livret de développement durable ;
- Le livret d'épargne-entreprise ;
- Le PEP ;
- ainsi que les produits de certains contrats d'assurance vie et de bons ou contrats de capitalisation ;
- Les produits des bons ou des contrats souscrits avant le 1er janvier 1983 ;
- Les produits des bons ou des contrats en unité de compte d'une durée au moins égale à 8 ans et principalement investis en actions (dits contrats DSK ou contrats NSK) ;
- Pour les bons ou contrats d'une durée au moins égale à 8 ans (ou 6 ans pour les contrats souscrits avant le 1er janvier 1990) souscrits

avant le 26/9/1997 auprès d'une entreprise d'assurance établie en France, les produits acquis ou constatés à compter du 1/1/1998 et attachés aux versements suivants :
- versements effectués avant le 26/9/1997 ;
- versements effectués à compter du 26/9/1997 sur des contrats à primes périodiques lorsqu'ils correspondent aux primes initialement prévues par le contrat ;
- versements programmés effectués entre le 26/9/1997 et le 31/12/1997 en exécution d'un engagement pris avant le 26/9/1997 et le 31/12/1997 ;
- versements libres, dans la limite de 200 000 F (30 490 €) par souscripteur, effectués entre le 26/9/1997 et le 31/12/1997).

La taxation aux prélèvements sociaux

Outre l'impôt sur le revenu ou le prélèvement libératoire, les revenus de capitaux mobiliers sont soumis aux prélèvements sociaux lors de leur encaissement au taux de 17,2 %.

Les produits qui n'auraient pas fait l'objet de ce prélèvement sont soumis aux prélèvements sociaux lors du traitement de la déclaration de revenus.

Revenus ouvrant droit à CSG déductible

Si vous avez opté pour l'imposition de vos revenus et gains mobiliers au barème progressif, une partie de la CSG afférente aux RCM imposés au barème est déductible de votre revenu imposable de l'année de son paiement à hauteur de 6,8 % (à l'exception des produits des bons et contrats de capitalisation ou d'assurance-vie exprimés en euros)

Investissement dans les PEA (plans d'épargne en actions)

Le législateur a entendu favoriser les investissements dans les PEA (plans d'épargne en actions) en instaurant une exonération visant les produits issus de ceux-ci (plus-values, dividendes, intérêts…) tant qu'ils sont réinvestis dans le plan, à l'exception de ceux issus de certains titres non cotés..

Les versements sur un PEA sont plafonnés à 150.000 euros par personne.

Il existe aussi un PEA-PME, se cumulant avec le PEA traditionnel et dont les versements sont plafonnés à 225.000 euros mais globalement les versements PEA plus PEA-PME ne doivent pas dépasser 225 000 €.

Pour que les titres soient éligibles à celui-ci, la société doit remplir les conditions suivantes :

- Elle a une capitalisation boursière inférieure à 1 milliard d'euros,
- Elle emploie moins de 5.000 salariés,
- Elle a un chiffre d'affaires inférieur à 1,5 milliards d'euros ou un total au bilan inférieur à 2 milliards d'euros,
- Elle n'a aucun actionnaire ou associé personne morale détenant plus de 25% du capital.

La fiscalité applicable en cas de retrait dépend de l'ancienneté du plan.

- en l'absence de retrait ou de rachat dans les 5 ans qui suivent le premier versement, revenus et plus-values du plan sont exonérés

- après 5 ans, les gains nets sont soumis à l'imposition forfaitaire de 12,8 % sauf option pour le barème progressif à l'IR sauf retraits liés à un décès avant les 5 ans et sauf retraits réemployés pour la création d'entreprise.

- les revenus des titres non cotés sont exonérés dans la limite d'un plafond de 10 % de leur valeur, par an

Investissement dans les plans d'épargne entreprise

Les sommes versées par votre entreprise sur un plan d'épargne entreprise ou un plan d'épargne interentreprise sont exonérées d'impôt sur le revenu mais pas des prélèvements sociaux, si les titres acquis sont maintenus dans le plan pendant au moins 5 ans.

Pour les Plans d'épargne retraite, les gains ne sont pas fiscalisés pendant la phase d'épargne et un régime spécial s'applique en sortie de plan.

> ☺ *arbitrez selon votre intérêt entre le PFU et l'imposition de droit commun à l'IR :*
> *- vous n'êtes pas imposable, alors renoncer au PFU vous permettra d'économiser 12,8 % des revenus perçus, vous ne paierez que les prélèvements sociaux*
> *- vous êtes faiblement imposable (première tranche à 14 %) alors renoncer au PFU vous permettra d'économiser 12,8 % sur les dividendes éligibles à l'abattement de 40 %*
> *- imposable à une tranche supérieure à 30 %, alors optez pour le PFU*

L'imposition fractionnée de certains revenus

Pour éviter que la progressivité de l'impôt n'aboutisse à soumettre à une imposition excessive les **revenus** perçus de façon **exceptionnelle** et ceux dont la **perception est différée** dans le temps (fraction de revenus de 2022 et 2023 perçus en 2024 par exemple), la loi prévoit un système particulier d'imposition (système dit « du quotient »). Il consiste à calculer l'impôt correspondant au revenu exceptionnel ou différé en divisant le montant de ce revenu par un certain coefficient, puis en ajoutant au revenu « courant » (ou ordinaire) le chiffre résultant de cette division, puis en multipliant par le même coefficient la cotisation supplémentaire d'impôt ainsi obtenue.

Le quotient ayant pour effet d'atténuer les effets de la progressivité de l'impôt, le contribuable a intérêt à en demander l'application, à moins qu'il ne puisse bénéficier d'une mesure plus favorable, telle que l'étalement « vers l'avant » de la fraction imposable des indemnités de départ volontaire en retraite, ou de mise à la retraite ou de départ en préretraite.

S'agissant d'une simple faculté que l'intéressé est libre d'utiliser ou non, l'application du système du quotient est subordonnée à une demande expresse du contribuable.

Cette demande est formulée dans la déclaration annuelle des revenus (ou sur papier libre).

Cependant, si la demande n'a pas été formulée dans la déclaration, le contribuable conserve la possibilité de la présenter ultérieurement par voie de réclamation adressée au service des impôts dans le délai légal (3 ans).

Champ d'application du système du quotient

- les revenus exceptionnels

Il s'agit des revenus qui, par leur nature, ne sont pas susceptibles d'être recueillis annuellement comme, par exemple, la prime de mobilité reçue par un salarié.

Le revenu exceptionnel ne peut donner lieu à l'application du système du quotient que s'il dépasse la moyenne des revenus nets d'après lesquels le contribuable a été imposé au titre des trois dernières années.

Si, par exemple, un particulier dont les revenus imposables de trois années (2021, 2022 et 2023) se sont élevés respectivement à 46 000 €, 51 000 € et 53 000 € (soit une moyenne de 50 000 €) réalise en 2024 un revenu exceptionnel, l'application du système du quotient ne sera possible que si ce revenu exceptionnel dépasse 50 000 €.

Les revenus réalisés dans le cadre normal d'une activité professionnelle ne sont pas susceptibles d'être qualifiés d'exceptionnels, même si cette activité produit des revenus dont le montant varie
fortement d'une année sur l'autre.

Pour la comparaison à faire entre le montant du revenu exceptionnel et la moyenne des revenus imposables des trois dernières années, le revenu exceptionnel à retenir s'entend du revenu mis à la disposition du contribuable.

Par dérogation à la règle générale, certains revenus exceptionnels peuvent bénéficier du régime du quotient quel que soit leur montant (même s'il n'atteint pas la moyenne des revenus des trois dernières années). Tel est le cas notamment de la prime de mobilité ou de mutation versée à titre exceptionnel à des salariés lors d'un changement du lieu de travail, la fraction imposable des indemnités de licenciement ou des indemnités de rupture conventionnelle du contrat de travail, ainsi que les primes de départ volontaire.

Il en est de même pour la fraction imposable des indemnités versées à des salariés en cas de mise à la retraite, de départ volontaire à la retraite ou de départ en préretraite. Cependant, s'agissant de ces indemnités, le mécanisme du quotient ne s'applique que si l'intéressé n'a pas opté pour le système particulier d'étalement sur les années suivantes ouvert par la Loi.

- les revenus différés

Ces revenus sont ceux dont le contribuable, par suite de circonstances indépendantes de sa volonté, a eu la disposition au cours d'une même année mais qui, par leur date normale d'échéance, se rapportent à une période de plusieurs années (par exemple, des rappels de salaires ou de pensions, des loyers ou intérêts arriérés perçus en une seule fois).

Contrairement aux revenus exceptionnels, les revenus différés peuvent bénéficier du système du quotient quel que soit leur montant.

Le système du quotient ne s'applique pas non plus, en principe, pour les revenus tirés de la production littéraire, scientifique, artistique ou de la pratique d'un sport. Toutefois, l'attribution d'un prix littéraire à un écrivain peut conférer le caractère de revenu exceptionnel aux droits d'auteur tirés de la vente de l'ouvrage primé.

Fonctionnement du système du quotient

La mise en œuvre de ce système conduit à distinguer, dans le revenu imposable, les fractions de ce revenu qui correspondent, respectivement, au revenu exceptionnel ou différé et au revenu « ordinaire » (c'est-à-dire au revenu courant).

Le calcul de l'impôt résultant de l'application du barème progressif s'effectue ensuite, pour l'année au cours de laquelle a été réalisé le revenu exceptionnel ou différé, en réalisant, dans l'ordre, les opérations suivantes :

1. On calcule d'abord l'impôt résultant de l'application du barème progressif au seul revenu « ordinaire ».

2. On effectue le même calcul sur le revenu « ordinaire » majoré du quotient.

Le quotient est obtenu en divisant le montant des revenus exceptionnels ou différés par un coefficient.

Pour les revenus exceptionnels, ce coefficient est fixé à quatre.

Pour les revenus différés, il est égal au nombre d'années civiles correspondant aux échéances normales de versement augmenté de un (exemple : un contribuable perçoit en 2024 des arriérés de loyers afférents à l'année 2023. Le coefficient applicable à ces revenus différés est égal à 2 soit l'année civile correspondant à l'échéance normale de versement plus 1 ; un contribuable salarié perçoit en 2024 des arriérés de salaires afférents aux années 2020, 2021, 2022 et 2023. Le coefficient applicable à ces revenus est égal à 5 soit 4 années civiles correspondant aux échéances normales de versement plus 1).

La différence entre l'impôt afférent au revenu « ordinaire » majoré du quotient et l'impôt afférent au seul revenu « ordinaire » est multipliée par le coefficient indiqué ci-dessus. Le résultat donne la cotisation supplémentaire correspondant au seul revenu exceptionnel ou différé.

3. On fait alors l'addition de l'impôt afférent au seul revenu « ordinaire » et l'impôt afférent au seul revenu exceptionnel ou différé. On obtient ainsi le montant total de l'impôt (avant application, s'il y a lieu, des diverses corrections prévues par la loi : plafonnement des effets du quotient familial, décote, réductions d'impôt).

A noter que le montant du revenu exceptionnel ou différé est déterminé selon les règles prévues pour la catégorie de revenus à laquelle il appartient (par exemple, s'il s'agit de salaires, après application de la déduction pour frais professionnels, laquelle est répartie au prorata entre le salaire « ordinaire » et le salaire exceptionnel ou différé).

Exemple d'application (pour un revenu exceptionnel) :

Loïc, marié, sans enfant à charge (quotient familial : 2), a perçu de son employeur en 2024 un salaire « ordinaire » de 52 000 €, plus une prime de mobilité de 16 000 € qui constitue un revenu exceptionnel. On suppose enfin qu'il n'a pas d'autres revenus que ses revenus salariaux et qu'il n'a aucune correction susceptible d'être appliquée à son impôt brut.

Si Loïc demande l'application du quotient pour la prime de mobilité, les calculs seront les suivants :

Salaire brut total : 52 000 € (salaire ordinaire) + 16 000 € (prime de mobilité) = 68 000 €.

Salaire net imposable (après application de la déduction de 10 %) : 61 200 €, à répartir comme suit :
- salaire ordinaire : 61 200 € × 52 000 €/68 000 € = 46 800 €.
- prime de mobilité : 61 200 € × 16 000 €/68 000 € = 14 400 €.

Impôt calculé sur le seul salaire ordinaire (46 800 €) : 2 899 €.

Impôt calculé sur le salaire ordinaire (46 800 €) majoré du quart de la prime de mobilité (3 600 €) : 3 295 €.

Différence : 396 €.

Impôt afférent à la prime de mobilité : 396 € × 4 = 1 584 €.

Montant total de l'impôt brut dû au titre de 2021 : 2 899 € + 1 584 € = 4483€

Si Loïc ne demandait pas l'application du quotient, son impôt s'élèverait à 6 204 €, soit une surcharge de 1 721 € (6 204 € − 4 483 €).

Loïc a donc intérêt à demander l'application du système du quotient.

Exemple pour une indemnité de départ à la retraite :

Afin d'éviter une imposition importante l'année de perception d'une indemnité de départ à la retraite, vous pouvez soit en demander l'imposition sur plusieurs années, soit bénéficier du système du quotient. A vous de choisir la solution la plus avantageuse.

- option pour l'étalement

Vous avez perçu en 2024 pour 6 000 € d'indemnités nettes imposables. Vous déclarez 1 500 € sur la déclaration déposée en 2025 et déclarerez 1 500 € en 2025, 2026 et 2027.

- option pour le système du quotient

vous êtes marié sans enfant. En 2024 votre revenu imposable est de 45 000 € et vous avez perçu une indemnité nette de départ en retraite de 16 000 €. Le calcul de l'impôt est le suivant :

l'impôt dû sur le revenu net imposable hors indemnité de 45 000 € est de 2 616 €

l'impôt dû sur le revenu net imposable plus l'indemnité nette après quotient (¼ de 16 000 €)
soit 49 000 € est de 3 141 €

donc, le supplément d'impôt correspondant à un quart de l'indemnité est de 3 141 − 2 616 soit 525 €

d'où un supplément d'impôt pour la totalité de l'indemnité de 525x4 soit 2 100 €

calcul de l'impôt total dû : impôt sur les revenus ordinaires plus l'impôt dû sur l'indemnité soit 2 616 plus 2 100 soit 4 716 €

Sans le quotient, l'impôt sur le revenu total (61 000 €) se serait élévé à 6144€

CHAPITRE 4

Les cessions mobilières et les plus-values immobilières

Les cessions mobilières

Les opérations imposables

Les plus-values de cessions à titre onéreux de valeurs mobilières et de droits sociaux réalisées directement par les particuliers ou par personne interposée ou par l'intermédiaire d'une fiducie sont imposables à l'impôt sur le revenu.

Certaines cessions ou opérations sont néanmoins exonérées.

Sont imposables les personnes physiques qui, dans le cadre de la gestion de leur patrimoine privé, réalisent des opérations de cessions de valeurs mobilières et de droits sociaux, soit directement, soit par personne interposée (sociétés ou groupement exerçant la gestion d'un portefeuille de valeurs mobilières).

Les cessions à titre onéreux et les opérations assimilées imposables

Les cessions imposables concernent :

- les valeurs mobilières et droits sociaux ;
- les opérations de Bourse ;
- les gains ou retraits de PEA ou PEA-PME dans les 5 ans de son ouverture ;
- les gains résultant de rachat d'actions de sociétés à capital variable (SICAV) et de fonds commun de placement (FCP) ;
- les cessions directes (de gré à gré) comme les ventes, les partages, les prêts, les échanges ou les apports de titres ;
- les opérations de rachats ou de retraits assimilées à des cessions à titre onéreux comme les rachats d'actions de SICAV ou dissolution de telles sociétés, les rachats de parts de FCP ou dissolution de tels fonds ou les rachats par une société de ses propres titres, que ce rachat soit réalisé par une société établie en France ou à l'étranger.

Les cessions d'actifs numériques notamment les cryptomonnaies (bitcoins, ethereum etc), si elles sont occasionnelles, sont soumises à la flat tax de 30 %. Si les opérations d'achat-vente sont habituelles elles sont soumises au régime des bénéfices commerciaux. Depuis 2023 si les opérations effectuées sont de nature de celles réalisées par des traders professionnels, alors c'est le régime des bénéfices non commerciaux qui sera applicable.

Exit tax : les personnes domiciliées en France pendant au moins 6 ans sur les 10 années précédant leur départ à l'étranger, peuvent être soumises à l'exit tax de 30 % sur leurs plus-values latentes résultant de la cession de titres ou de droits représentant au moins 50 % des bénéfices d'une société ou dont la valeur globale excède 800 000 €. L'exit tax est mise en sursis en cas d'installation dans un état de l'union européenne ou d'un pays ayant signé avec la France un accord d'assistance en vue de la lutte contre la fraude.

Les cessions exonérées

Les plus-values réalisées lors de la cession des titres suivants sont exonérées d'impôt sur le revenu.

- les titres détenus dans un plan d'épargne entreprise (PEE) ;
- les titres détenus dans un PEA ou dans un PEA-PME en cas de retrait après 5 ans ;
- titres acquis dans le cadre d'un club d'investissement si sa durée n'excède pas 10 ans et si les versements annuels du foyer ne dépassent pas 5 500 € ;
- les parts de certains fonds de placements à risque (et FCPI), sous réserve que personne ne possède plus de 10 % des parts

En dehors des valeurs financières, à noter que les ventes de meubles meublants, appareils ménagers et voitures qui font partie de votre patrimoine privé sont exonérés d'impôt. Il en est de même des ventes de meubles ne dépassant pas 5 000 €.

La plus value d'une opération correspond à la différence entre le prix de cession des valeurs, titres ou droits, nets des frais et taxes que vous avez acquittés et le prix d'acquisition ou de souscription des titres. Si lors de l'acquisition des titres cédés, vous avez bénéficié de la réduction d'impôt « Madelin » vous devez diminuer le prix d'acquisition, le cas échéant de la réduction d'impôt effectivement obtenue.

Le cas échéant, après compensation entre vos plus-values et vos moins-values, les plus-values subsistantes sont réduites d'un abattement forfaitaire, variable selon la durée de détention des titres cédés.

En principe, vos plus-values et moins-values sont calculées par votre établissement financier. Il doit vous remettre en début d'année les documents permettant de remplir votre déclaration.

Si vous calculez vous-même vos plus-values ou si vos établissements bancaires n'ont pas été en mesure de déterminer la plus ou moins-value, vous devez remplir un formulaire spécifique n° 2074.

Le prix de cession

Il est constitué du prix effectif de cession et des charges éventuelles que vous avez supportées pour la cession. Il diffère selon la nature des cessions :

- cessions réalisées en Bourse : le prix correspond au cours de transaction, toujours stipulé en euros ;
- cessions de gré à gré : le prix est celui stipulé dans l'acte ;
- cessions en cas de partage : le prix de cession des titres cédés aux copartageants est égal aux soultes reçues ;
- cessions en cas de rente viagère : il s'agit de la valeur en capital de la rente (hors intérêts) majorée du prix payé comptant ;
- cessions en cas d'échange : le prix est égal à la valeur des titres reçus majorée de la soulte reçue (somme versée pour compenser les inégalités de valeurs entre des biens qui sont l'objet d'un échange ou d'un partage) ou diminuée de la soulte payée.

Vous devez ajouter au prix de cession les charges et indemnités payées par l'acheteur à votre profit (par exemple prise en charge par l'acheteur d'une de vos dettes).

Par contre, vous n'avez pas à ajouter les intérêts reçus de votre acheteur en cas de paiement différé.

Vous pouvez également diminuer le prix de cession des frais supportés lors de la vente (commissions de négociation, frais de courtage, commissions d'intermédiaires, honoraires d'experts...).

Enfin, le montant de la clause de garantie de passif doit être diminué du prix de cession.

Cette clause est une convention entre le vendeur et l'acheteur, qui engage le premier à reverser tout ou partie du prix de cession en cas de révélation dans les comptes de la société, d'une dette ayant son origine antérieurement à la cession ou d'une surestimation de valeurs d'actif figurant au bilan à la date de la cession.

Le prix d'acquisition

Le prix d'acquisition est le prix payé pour acquérir des titres ou la valeur retenue pour le calcul des droits de donation ou de succession, si vous avez reçu des titres à titre gratuit.

Vous pouvez ajouter les charges et indemnités que vous avez payées au profit du vendeur ou d'un tiers.

Vous pouvez également augmenter votre prix d'acquisition des frais supportés à l'achat (frais de courtage et commissions, honoraires d'experts, droits d'enregistrement, frais d'actes, droits de mutation à titre gratuit).

A l'inverse, le prix d'acquisition doit être diminué des remboursements d'apports et des primes d'émission attachés aux titres vendus.

Par ailleurs, si vous avez bénéficié de la réduction d'impôt "Madelin" pour investissement au capital des PME lors de l'acquisition ou de la souscription des titres cédés ou rachetés, vous devez diminuer le prix d'acquisition global du montant de la réduction d'impôt effectivement obtenue relative aux titres cédés ou rachetés.

L'abattement pour durée de détention

Vos plus-values résultant de la cession de certains titres sont réduites d'un abattement. Cet abattement s'applique aux plus-values restantes après compensation avec vos moins-values (cf. § « le sort des moins-values » ci-dessous).

L'abattement peut être de droit commun ou renforcé.

L'abattement pour durée de détention de droit commun

Lorsque les titres cédés sont détenus depuis moins de 2 ans, décomptés de date à date, ou lorsque la distribution perçue est afférente à des titres détenus depuis moins de 2 ans, la plus-value de cession ou la distribution considérée ne sont pas éligibles à l'abattement pour durée de détention de droit commun.

A l'inverse, l'abattement s'applique, dans les conditions suivantes :

- 50 % du montant de la plus-value réalisée ou de la distribution perçue lorsque les actions, parts, droits ou titres sont détenus depuis au moins 2 ans et moins de 8 ans à la date de la cession ou de la distribution ;
- 65 % du montant de la plus-value réalisée ou de la distribution perçue lorsque les actions, parts, droits ou titres sont détenus depuis au moins 8 ans à la date de la cession ou de la distribution.

La durée de détention est décomptée à partir de la date de souscription ou d'acquisition des actions, parts, droits ou titres cédés.

La date qui constitue le terme de la durée de détention est celle du fait générateur de l'imposition, c'est-à-dire du transfert de la propriété juridique des actions, parts, droits ou titres, il s'agit :

- de la date du règlement-livraison, en cas de cession d'actions, parts, droits ou titres admis aux négociations sur un marché réglementé ou organisé ;
- de la date de la liquidation en cas de cession avec service de règlement différé ;
- de la date de conclusion de la vente contenue dans l'acte de cession, en cas de cession de gré à gré. En cas de vente sous condition suspensive, la date à prendre en compte s'entend du jour de transfert de propriété.

Cet abattement ne s'applique pas pour la détermination du montant des prélèvements sociaux. Les prélèvements sociaux restent donc dus sur les plus-values de cession et distributions avant application de l'abattement pour durée de détention.

Pour la détermination du revenu fiscal de référence, le montant de l'abattement de droit commun est ajouté aux revenus nets et plus-values le composant et retenus pour l'établissement de l'impôt sur le revenu.

Vous devez indiquer le montant de l'abattement auquel vous avez droit sur votre déclaration de revenus n° 2042. Si vos établissements financiers ont calculé pour vous l'ensemble de vos plus et moins-values, vous pouvez utiliser la déclaration n° 2074-CMV pour compenser vos plus-values et vos moins-values, puis calculer, le cas échéant, le montant d'abattement de droit commun applicable aux plus-values restantes après compensation.

Si vous calculez vous-même vos plus-values (vos intermédiaires financiers ne l'ont pas fait pour vous), vous remplissez une déclaration n°2074. Suivez alors les instructions pour le calcul de l'abattement.

L'abattement pour durée de détention renforcé

Pour certaines plus-values de cession d'actions, de parts de sociétés ou de droits démembrés portant sur ces titres, le taux de l'abattement est plus important. Il s'applique aux plus-values après compensation avec les moins-values.

Il est égal à :

- 50 % pour les titres détenus depuis au moins 1 an et moins de 4 ans ;
- 65 % pour les titres détenus depuis au moins 4 ans et moins de 8 ans ;
- 85 % pour les titres détenus au moins 8 ans.

Les trois « types » de plus-values de cession de titres ouvrant droit à l'abattement renforcé sont les suivantes : les gains de cession de titres de PME de moins de 10 ans à la date de souscription ou d'acquisition des titres, les titres de dirigeants de PME prenant leur retraite et enfin les gains réalisés à l'intérieur du groupe familial.

Les plus-values de cession de titres de PME de moins de 10 ans à la date de souscription ou d'acquisition des titres

Les plus-values de cession d'actions ou de parts de petites et moyennes entreprises (PME) ou de droits démembrés portant sur ces actions ou parts, réalisées depuis le 1er janvier 2013 sont réduites pour l'imposition à l'impôt sur le revenu de l'abattement pour durée de détention renforcé. Par ailleurs, les plus-values retirées depuis le 1er janvier 2014, par le bénéficiaire lors du rachat par la société émettrice de ses propres parts ou actions sont réduites dans les mêmes conditions.

La société émettrice des titres ou droits cédés doit respecter l'ensemble des conditions suivantes :

- la société émettrice doit être créée depuis moins de 10 ans (décomptée de date à date, à compter de son immatriculation au registre du commerce et des sociétés RCS) ;
- la société est une PME au sens du droit de l'Union Européenne (c'est à dire lorsqu'elle a moins de 250 salariés, et un chiffre d'affaires qui n'excède pas 50 millions d'euros, ou si le total du bilan annuel n'excède pas 43 millions d'euros). Cette condition s'apprécie à la date du dernier exercice précédant la souscription ou l'acquisition des titres cédés ;
- la société n'est pas issue d'une concentration, restructuration, extension ou reprise d'activités préexistantes ;
- la société n'accorde aucune garantie en capital à ses actionnaires ou associés en contrepartie de leurs souscriptions. Elle n'accorde que les droits résultant de leur qualité d'associé ou d'actionnaire ;
- la société est passible de l'impôt sur les bénéfices ou d'un impôt équivalent ;
- la société doit être établie dans un État membre de l'Espace Économique Européen (EEE) ou dans un État partie à l'accord sur l'EEE ayant conclu avec la France une convention d'assistance en vue de lutter contre la fraude et l'évasion fiscale ;
- la société doit exercer une activité commerciale, industrielle, artisanale libérale ou agricole (mais il ne peut s'agir de la gestion de son propre patrimoine mobilier ou immobilier). Si la PME est une société holding animatrice, ses conditions doivent être respectées dans chacune des sociétés du groupe.

Les titres de dirigeants de PME prenant leur retraite

Les plus-values de cession de titres ou de droits de PME réalisés par des dirigeants prenant leur retraite sont réduites d'un abattement fixe de 500 000 euros et pour le surplus éventuel d'un abattement pour durée de détention renforcé avant leur imposition au barème progressif de l'impôt sur le revenu.

Pour bénéficier de l'abattement renforcé, vous devez remplir les conditions cumulatives suivantes :

- la cession doit avoir porté sur l'intégralité de vos actions et parts ou sur plus de 50 % des droits de vote de votre société dont les titres ou droits sont cédés ;
- vous devez avoir exercé des fonctions de dirigeants de manière continue dans la société dont les titres sont cédés pendant les 5 années précédant la cession ;
- vous devez avoir détenu pendant les 5 années précédant la cession au moins 25% des droits de vote ou des droits dans les bénéfices sociaux de la société dont les titres ou droits sont cédés, en cas de cession conjointe par plusieurs cofondateurs de la société, elle est appréciée en tenant compte de l'ensemble des participations des cédants ;
- vous devrez cesser toute fonction dans la société et faire valoir vos droits à la retraite dans les 24 mois qui suivent la cession des titres ;
- en cas de cession de titres à une société, vous ne devrez pas en être associé pendant 3 ans ;
- la société dont les titres sont cédés doit être une PME au sens fiscal. Son siège social doit être situé dans un état membre de l'Union Européenne, en Islande, en Norvège ou au Liechtenstein. Elle doit être détenue à hauteur de 75 % au moins par des personnes physiques ou des sociétés qui respectent les mêmes seuils d'effectifs et financiers.

Pour bénéficier de l'abattement majoré accordé aux dirigeants de PME partant à la retraite, vous devez remplir le formulaire spécifique n° 2074 dir

Les plus-values réalisées à l'intérieur du groupe familial

Les plus-values réalisées par les particuliers lors de la cession de certains droits sociaux au profit de l'un des membres de leur groupe familial sont réduites, pour l'imposition à l'impôt sur le revenu, de l'abattement pour durée de détention renforcé, lorsque certaines conditions sont remplies :

- la société est soumise à l'impôt sur les sociétés ou à un impôt équivalent ;
- elle a son siège social en France ou dans un autre État de l'Union européenne (UE) ou partie à l'accord sur l'Espace économique européen (EEE) ayant conclu avec la France une convention d'assistance administrative en vue de lutter contre la fraude et l'évasion fiscales ;
- vous et votre groupe familial (conjoint, ascendants, descendants, frères et sœurs) avez détenu plus de 25 % des droits dans les bénéfices sociaux à un moment quelconque au cours des 5 années précédant la cession ;
- les titres sont cédés à l'un des membres du groupe familial (peu importe le pourcentage de titres cédés). L'abattement renforcé s'applique en cas de vente de titres au conjoint de l'un de vos descendants ou ascendants (si le couple est soumis à une imposition commune), mais pas en cas de vente au conjoint de vos collatéraux (frères et sœurs) ou à une société de famille.

Le sort des moins-values

Les moins-values subies au cours d'une année sont imputables exclusivement sur les plus-values de même nature réalisées au cours de la même année ou des dix années suivantes.

Vos moins-values ne sont donc pas déductibles de votre revenu global.

Seules les moins-values résultant d'opérations imposables sont imputables sur vos plus-values. Les moins-values constatées lors d'une cession à titre gratuit ne le sont pas.

Ainsi, si au cours d'une même année, vous réalisez à la fois des plus et des moins-values, vous devez compenser vos plus-values avec vos moins-values. Si vous disposez de moins-values réalisées au cours des dix années antérieures qui n'ont pas pu être imputées les années précédentes, ces moins-values s'imputent également sur les plus-values de l'année.

Suite au décès de l'un des époux, le conjoint survivant peut imputer sur les plus-values réalisées lors de la cession de ses propres titres les moins-values antérieures encore reportables réalisées lors de cessions de titres lui appartenant en propre et la moitié des pertes reportables afférentes aux cessions de titres qui dépendaient de la communauté conjugale.

Les modalités d'imposition

Votre plus-value imposable à l'impôt sur le revenu est égale à la somme de toutes les plus-values réalisées dans l'année, déduction faite des moins-values de l'année, le cas échéant de vos moins-values des dix dernières années, et des abattements pour durée de détention.

Les plus-values sont, sauf exceptions, soumises au prélèvement forfaitaire unique de 12,8 % plus 17,2 % de prélèvements sociaux mais vous pouvez opter pour le barème progressif de l'impôt sur le revenu.

En outre, les plus-values et distributions sont soumises aux prélèvements sociaux dus sur les revenus du patrimoine pour leur montant avant application des abattements pour durée de détention.

Par exception, les plus-values et gains suivants sont imposés à l'impôt sur le revenu via application d'un taux forfaitaire :

- le gain réalisé sur un PEA ou un PEA-PME est imposé au taux de 22,5 % lorsque le retrait ou le rachat intervient avant l'expiration de la 2 ème année de fonctionnement du plan ;

- le gain réalisé sur un PEA ou un PEA-PME est imposé au taux de 19 % lorsque le retrait ou le rachat intervient entre la 2 ème année et la 5 ème année de fonctionnement du plan ;

- le gain réalisé sur un PEA ou un PEA-PME est exonéré d'impôt sur le revenu en cas de retrait, de rachat ou de clôture du plan à l'expiration de la 5 ème année.

- les gains de cessions de titres souscrits en exercice de bons de souscription de parts de créateur d'entreprise (BSPCE) sont imposés au taux forfaitaire de 19 % ou 30 %. En principe, le gain net de cession des titres acquis en exercice des bons est passible du taux d'imposition de 19 %. Toutefois, lorsque au moment de la cession des titres, le bénéficiaire exerce son activité dans la société émettrice depuis moins de 3 ans, le gain correspondant est taxable au taux de 30 %. Le délai de 3 ans est décompté de quantième en quantième, c'est-à-dire du jour d'une année civile donnée au jour correspondant de la troisième année civile suivante.

Les plus-values immobilières

Lorsque vous vendez un bien immobilier, qu'il s'agisse d'une maison, d'un appartement ou d'un terrain, vous réalisez, le plus souvent, ce que l'on appelle une plus-value immobilière. Cette plus-value peut être exonérée d'impôt (vente d'une résidence principale) ou taxée à hauteur de 36,2 % (vente d'une résidence secondaire détenue depuis moins de trente ans).

Lorsque la cession relève de la gestion du patrimoine « professionnel » c'est le régime spécifique des plus-values professionnelles, non traité dans cet ouvrage (se reporter à l'ouvrage « l'optimisation fiscale pour les entreprises » même auteur même éditeur), qui s'applique.

Qui est imposable à la taxation sur la plus-value ?

Est imposé au titre des plus-values tout vendeur domicilié en France, quelle que soit la situation du bien (en France ou à l'étranger), sauf dérogations résultant de conventions internationales.

Sont donc concernés les vendeurs domiciliés dans les départements métropolitains et dans les départements d'Outre-mer, à l'exclusion des collectivités d'Outre-mer (ce que l'on appelle plus couramment les territoires d'Outre-mer).

Sont imposables les plus-values réalisées par les personnes physiques : vous-même, votre conjoint ou toute personne à votre charge et par certaines personnes morales telles que les sociétés civiles immobilières (SCI) soumises à l'impôt sur le revenu.

Quand est-on imposable sur la plus-value immobilière ?

Pour qu'il y ait plus-value, il faut plusieurs conditions :

- il doit s'agir d'une cession à titre onéreux (vente ou échange, expropriation) et non gratuite (succession ou donation);
- la vente doit porter sur un bien ou des droits immobiliers (par exemple : votre logement ou votre résidence secondaire) ou sur des titres de sociétés immobilières (SCI). La cession peut porter sur des

immeubles bâtis ou non bâtis, c'est-à-dire des terrains à bâtir ou non constructibles, et quelle que soit la nature des biens cédés : pleine propriété, usufruit ou nue-propriété par exemple ;
- la vente que vous réalisez ne doit pas faire l'objet d'une exonération ;
- la plus-value ne doit être ni nulle ni négative (moins-value).

Les cas d'exonération de taxation de la plus-value immobilière

Le principal cas d'exonération de la taxation de la plus-value immobilière concerne la cession de la résidence principale.

- la cession de résidence principale

Quelle que soit la nature du bien vendu (appartement, maison, chalet...), la vente d'une résidence principale est exonérée de tout impôt au titre des plus-values. Il suffit que le logement vendu constitue la résidence principale du vendeur au jour de la cession pour être exonéré.

L'exonération s'applique aussi aux dépendances de la résidence principale, à condition qu'elles soient cédées en même temps que celle-ci.

Dès lors qu'il y a déménagement, le logement en vente ne constitue plus la résidence principale, par définition : il y a donc un risque de perdre le droit à l'exonération. Toutefois, l'administration fiscale admet le bénéfice de l'exonération dès lors que le logement a constitué la résidence principale jusqu'à la mise en vente, si la vente intervient dans des délais normaux de vente.

- l'exonération résultant de la durée de détention du bien

Plus on détient le bien depuis longtemps, plus la taxation baisse. Chaque année de détention permet de profiter d'un abattement sur la plus-value imposable :

- l'abattement pour durée de détention aboutit à une exonération pour l'impôt sur le revenu au bout de 22 ans (contre 30 ans précédemment) ;
- l'abattement pour durée de détention aboutit à une exonération pour les prélèvements sociaux au bout de 30 ans (comme précédemment).

Que ce soit 22 ans ou 30 ans, le délai se calcule de date à date ; on ne tient pas compte des fractions d'années. La date retenue est en principe celle de l'acte de vente définitif (pour les immeubles acquis achevés ou en l'état futur d'achèvement), ou bien celle de la donation ou celle du décès pour les biens reçus par succession.

Notez que pour les logements que le vendeur a fait construire, le délai part de la date du début des travaux, attestée en principe par la date de déclaration d'ouverture de chantier.

- la première vente d'une résidence secondaire

Pour ceux qui ne sont pas propriétaires de leur résidence principale, il existe un cas d'exonération d'impôt sur la plus-value à l'occasion de la vente d'une résidence secondaire (que ce logement soit donné en location, réservé à l'usage de son propriétaire ou vacant), sans attendre le délai de détention de trente ans.

Pour bénéficier de cette exonération, les trois conditions suivantes doivent être remplies :

- il doit s'agir de la première vente d'une résidence secondaire depuis le 1er février 2012,
- le vendeur ne doit pas avoir été propriétaire de sa résidence principale au cours des quatre années précédant la vente,
- le vendeur doit ré-employer le prix de la vente, intégralement ou

partiellement, dans un délai de 24 mois pour acheter sa résidence principale. L'exonération s'applique à la partie du prix qui est réinvestie.

- la vente de l'ancienne résidence de retraités ou invalides

Les personnes âgées résidant en maison de retraite et les adultes handicapés hébergés dans des foyers d'accueil qui vendent dans un délai de moins de deux ans après avoir quitté le logement qu'ils habitaient avant leur entrée dans ces établissements bénéficient d'une exonération de plus-value sur cette vente.

Le logement qui constituait leur résidence principale, ne doit pas avoir été occupé depuis leur départ. Seuls sont concernées les vendeurs remplissant les deux conditions de ressources suivantes :

- leur revenu fiscal de référence (celui de l'avant-dernière année précédent la vente, soit 2022 pour une vente en 2024) ne doit pas dépasser 11 885 € pour la première part du quotient familial ou 15 059 € pour 1,5 parts ;
- ils ne doivent pas être soumis à l'IFI (ISF jusqu'en 2017) au titre de l'avant-dernière année précédant celle de la vente.

Si ces conditions sont respectées, la personne qui part en maison de retraite ou en foyer d'accueil peut donc attendre avant de se décider à vendre sa résidence principale. Du moment que la vente intervient dans les deux ans suivant son départ, elle est exonérée de taxation sur la plus-value. Cela lui laisse le temps de murir sa réflexion et de décider de la vente sans précipitation.

Conditions similaires pour un départ pour un établissement spécialisé type Ephad : le revenu ne doit pas dépasser 27 947 € pour une part ou 34 477 €

pour 1, 5 parts

- le prix de vente n'excédant pas 15.000 €

Cette exonération vise donc les biens de faible valeur. Il peut s'agir d'une cave ou d'un parking par exemple. Notez que si le bien vendu est détenu par des époux, le seuil des 15.000 € s'apprécie selon la quote-part détenue par chacun des époux, y compris en cas de mariage sous un régime de la communauté.

- la plus-value immobilière résultant d'une expropriation

Cette plus-value est totalement exonérée, sous les deux conditions suivantes.

L'expropriation est réalisée à la suite d'une déclaration d'utilité publique sans tenir compte de la forme du transfert (accord amiable ou ordonnance d'expropriation). Sont donc exclues les cessions volontaires aux collectivités locales ;

L'exproprié procède au remploi intégral de l'indemnité par l'acquisition, la construction, la reconstruction ou l'agrandissement d'un ou de plusieurs biens immobiliers dans un délai de un an à compter de la date du paiement de l'indemnité.

- vente de la résidence en France des non-résidents

Depuis le 1er janvier 2019, les personnes qui ont leur domicile fiscal en France et le transfèrent hors de France peuvent bénéficier d'une exonération totale de plus-value sur la vente de leur ancienne résidence principale si :

- le transfert de résidence a lieu vers un Etat membre de l'Union européenne ou dans un Etat ou territoire ayant conclu avec la France une convention d'assistance administrative en vue de lutter contre la fraude et l'évasion fiscales et une convention d'assistance mutuelle

en matière de recouvrement d'impôt. Le nouveau pays de résidence ne doit pas être un paradis fiscal ;
- la vente a lieu au plus tard le 31 décembre de l'année suivant celle du transfert par le vendeur de son domicile fiscal hors de France ;
- le logement n'a pas été loué ni prêté entre le moment où le vendeur a quitté la France et la vente.

Si vous ne remplissez pas ces conditions, mais que vous êtes ressortissant d'un Etat de l'Espace économique européen, vous pouvez bénéficier d'une exonération partielle de plus-value si vous avez été domicilié fiscalement en France de manière continue pendant deux ans au moins à un moment quelconque avant la vente, à condition que la vente intervienne :

– au plus tard le 31 décembre de la dixième année suivant celle du transfert par le cédant de son domicile fiscal hors de France ;

– sans condition de délai si vous avez la libre disposition de votre logement (c'est-à-dire qu'il n'est pas loué) au moins depuis le 1er janvier de l'année précédant celle de la vente.

L'exonération ne peut s'appliquer que pour la vente d'un seul bien par contribuable, dans la limite de 150.000 € de plus-value nette imposable. Au-delà, le surplus de plus-value est imposable.

Calculer la plus-value immobilière imposable

Le calcul de la plus-value imposable s'effectue en deux étapes. On procède au calcul de la plus-value brute avant de lui appliquer les abattements. C'est sur la base de la plus-value imposable que l'impôt est ensuite calculé.

- Calcul de la plus-value brute

La plus-value brute est la différence entre le prix de vente corrigé et le prix d'acquisition corrigé.

Le prix de vente est le prix auquel la transaction a eu lieu, c'est-à-dire le prix indiqué dans l'acte définitif de vente.

On majore le prix de vente des charges et indemnités que l'acquéreur vous doit (si elles sont mentionnées dans l'acte de vente).

Ainsi par exemple, si un propriétaire doit au locataire sortant une indemnité d'éviction et que l'acquéreur s'engage à la payer en ses lieux et place, le prix de vente sera majoré du montant de l'indemnité.

On diminue le prix de vente des frais que le vendeur doit supporter au moment de la vente. Citons par exemple le coût des diagnostics obligatoires (amiante, plomb, termites...) ou les frais de mainlevée d'hypothèque grevant l'immeuble...

Ces majorations et diminutions doivent évidemment être justifiées par des factures.

Le prix d'acquisition est le prix d'achat effectivement payé par le cédant, c'est-à-dire le prix indiqué dans l'acte définitif de vente.

On majore le prix d'achat :

- des frais d'acquisition qui peuvent être évalués forfaitairement à 7,5 % du prix. Vous pouvez retenir les frais de notaire pour leur montant réel s'ils sont supérieurs à 7,5 %. En cas de bien reçu par donation ou succession, le forfait de 7,5 % n'est pas possible et on tient compte obligatoirement des frais de notaire pour leur montant réel.
- du montant des travaux que vous avez réalisés sur le bien, à condition de pouvoir en justifier par la production de factures émanant d'entreprises (forfait de 15 % si bien détenu depuis +5 ans)

Ce prix d'achat majoré est soustrait du prix de vente éventuellement corrigé, pour obtenir la plus-value brute.

- calcul de la plus-value imposable

La plus-value imposable, on parle aussi de plus-value nette, s'obtient en appliquant à la plus-value brute des abattements par année de détention. L'idée est que plus vous détenez le bien depuis longtemps, plus l'abattement est important, plus la plus-value nette diminue et par conséquent plus le montant d'impôt baisse.

On applique les mêmes grilles d'abattement quel que soit le type de bien, immeuble bâti ou terrain à bâtir.

Pour l'impôt sur le revenu, l'abattement pour durée de détention s'établit de la manière suivante :

- 6 % pour chaque année de détention au-delà de la cinquième année et jusqu'à la vingt-et-unième ;
- 4 % pour la vingt-deuxième année révolue de détention.

L'exonération totale des plus-values immobilières de l'impôt sur le revenu est ainsi acquise à l'issue d'un délai de détention de 22 ans, contre 30 ans précédemment.

Pour les prélèvements sociaux, l'abattement pour durée de détention s'établit de la manière suivante :

- 1,65 % pour chaque année de détention au-delà de la cinquième et jusqu'à la vingt-et-unième
- 1,60 % pour la vingt-deuxième année de détention ;
- 9 % pour chaque année au-delà de la vingt-deuxième.

Les années de détention se comptent en années pleines. Ainsi, pour bénéficier d'un abattement de 11,55 %, vous devez détenir le bien depuis au moins 12 ans (cela signifie que vous vendez après 12 années pleines de détention, soit entre 12 et 13 ans de détention). De la même façon, vous bénéficiez d'un abattement de 100 % pour une vente intervenant après 30 années pleines de détention.

L'imposition de la plus-value immobilière

Pour obtenir le montant de l'imposition, il suffit d'appliquer le taux d'imposition à la plus-value imposable.

- le calcul de l'imposition

Une fois la plus-value calculée, reste à savoir combien vous allez payer d'impôt. L'imposition se décompose de la façon suivante :

- 19 % de taxation au titre de l'impôt sur le revenu ;
- 17,2 % de prélèvements sociaux (CSG, CRDS et prélèvement de solidarité).

Les ventes générant plus de 50 000 € de plus-value imposable sont soumises à une surtaxe dont le taux est fixé selon un barème progressif (jusqu'à 6 % au-delà de 260 000 € de plus-value imposable).

- comment paie-t-on l'impôt ?

La déclaration et le paiement ont lieu au moment de la vente chez le notaire, et font l'objet d'une déclaration spécifique que le notaire effectue pour votre compte. Par conséquent, le vendeur reçoit le prix du bien net d'impôt.

Exemple :

Jean revend en juin 2025 pour 475 000 € une résidence secondaire acquise en novembre 2009 pour 250 000 € (soit 15 ans et 7 mois)

- calcul du prix de vente :

prix de cession brut 475 000 €

éléments mobiliers inclus dans la vente - 10 000 €

frais de cession (commission agence immobilière, frais de diagnostic, mainlevée d'hypothèque, …) - 20 000

soit prix de cession net 445 000 €

- calcul du prix d'acquisition

prix d'acquisition brut 250 000 € ; frais d'acquisition (évaluation forfaitaire de 7,5%) 18 750 €

travaux (forfait de 15 % le bien étant détenu depuis plus de 5 ans) 37 500 €

soit un prix d'acquisition net 306 250 €

- plus-value

plus-value brute 138 750 €

abattement pour durée de détention calculé sur 15 ans soit 60 % à l'impôt sur le revenu et 16,50 % pour les prélèvements sociaux ; plus-value imposable à l'IR 55 500 € (138 750 x 40%)

plus-value soumise aux prélèvements sociaux 115 856 € (138 750 x 83,5 %)

- impôt

sur le revenu : 10 545 € (19 % d'imposition forfaitaire sur 55 500 €

prélèvements sociaux : 19 927 € (taux global de 17,2%)

surtaxe : 885 € (calculée comme suit 55 500 x 2 % - ((60 000 – 55 500) x 5%) car la plus-value excède 50 000 € soit un **impôt total : 31 357 €**

CHAPITRE 5

Les dépenses et les charges courantes du foyer

> ☺ *La façon dont un foyer dépense au quotidien n'est pas neutre fiscalement et peut engendrer, selon les circonstances, et selon les choix effectués, des économies fiscales dont il serait dommage de ne pas s'approprier et profiter.*

vous faites garder votre enfant

vous aidez des associations, des partis politiques

vous aidez vos parents

vous aidez vos enfants majeurs chargés de famille ou non

alors vous pouvez bénéficier de déductions sur le montant du revenu imposable ou bien de réductions sur le montant de l'impôt

Les **réductions d'impôt** sont les mêmes pour tout le monde. A mise égale, elles sont absolument identiques quelle que soit la situation de fortune du contribuable. Pour 10 000 euros versés sur des Fonds Communs de Placements Immobiliers par exemple, la réduction d'impôt sera dans tous les cas de 25 % et donc égale à 1 800 euros. Le **crédit d'impôt** est identique à une réduction d'impôt à ceci près qu'il est remboursé s'il dépasse le montant de l'impôt à payer. La **déduction de charge**, elle, procure un avantage fiscal proportionnel à la tranche d'imposition du redevable : plus elle est élevée, plus le gain en impôt est élevé.

Du fait de l'organisation du système fiscal en France, les dépenses et les charges sont prises en compte à deux niveaux exclusifs (en principe) l'un de l'autre : le revenu dit catégoriel et le revenu dit global (somme des revenus catégoriels), ce dernier constituant le revenu imposable.

En effet, les sommes perçues par chaque membre du foyer et ayant la qualité d'un revenu sont rangées par catégorie d'activité exercée. On parlera ainsi de salaires ou de revenus commerciaux ou de revenus fonciers. Si une seule activité est réalisée, le revenu catégoriel deviendra revenu d'activité. En cas de pluralité d'activités, les revenus catégoriels correspondants sont additionnés pour constituer le revenu global.

Chaque revenu catégoriel est calculé selon des règles propres en ce qui concerne les sommes imposables et les dépenses déductibles. Il en est de même du revenu global qui répond à des règles spécifiques. Les dépenses ne peuvent normalement être déduites qu'une fois soit au niveau du revenu catégoriel soit au niveau du revenu global.

> **En résumé,**
>
> **- les dépenses courantes déductibles des revenus catégoriels :**
>
>> les dépenses liées à l'exercice de la profession
>> les charges liées à la propriété
>> l'amortissement de l'immeuble (en cas de location meublée)
>
> **- les dépenses courantes déductibles du revenu global**
>
>> la CSG (contribution sociale généralisée)
>> les pensions alimentaires aux ascendants et descendants
>> les pensions en cas de divorce
>> les frais d'accueil au foyer fiscal des personnes âgées
>> les cotisations de sécurité sociale
>> les primes et cotisations pour la retraite
>> les déficits des revenus catégoriels
>
> **- les dépenses courantes ouvrant droit à des réductions ou des crédits d'impôt**
>
>> emploi d'un salarié à domicile
>> frais de garde des enfants hors domicile
>> frais de scolarité des enfants
>> prestation compensatoire (divorce)
>> les frais de séjour des personnes dépendantes
>> dons aux œuvres
>> cotisations syndicales
>> primes des contrats de rente survie
>> frais d'adhésion aux organismes de gestion agréés
>> système de charge des véhicules électriques

Les dépenses courantes (charges) déductibles des revenus catégoriels

Que peut-on déduire - les particuliers qui exercent une activité de professionnel indépendant peuvent déduire des sommes perçues au titre de leurs recettes, les dépenses liées à l'exercice de leur profession : achats, frais généraux dont les frais de personnel, les frais de locaux et de matériel, les impôts et taxes, les frais de déplacement et de transport, les frais financiers, les charges sociales, les assurances. Ils peuvent déduire les amortissements, les loyers, des provisions pour charge à venir, l'amortissement de leurs biens destinés à l'exercice de la profession. La somme restante constitue le revenu catégoriel imposable.

Par conséquent, toute une série de dépenses courantes, au choix ou selon leur destination réelle, professionnelle ou privée, peuvent être déduits. C'est vrai par exemple pour les véhicules automobiles, leur achat, leur location ou leur entretien. C'est vrai également pour des frais de résidence, à l'achat, à la location, et pour leur entretien ou les frais pour l'emploi de personnel d'entretien. Si ces frais sont mixtes, à usage professionnel et privé, seule une quote-part est déductible du revenu catégoriel.

Il s'agit là d'un principe général car certaines règles spécifiques sont applicables pour les indépendants commerciaux d'une part, les indépendants exerçant une profession libérale d'autre part.

- les particuliers propriétaires de biens immobiliers qui les louent nus (des bailleurs, donc) peuvent déduire de leurs revenus fonciers (revenu catégoriel spécifique) les charges liées à la propriété : taxe foncière, intérêts d'emprunt, travaux, charges de copropriété, assurances.

Les loueurs en meublé (revenu catégoriel dit des bénéfices industriels et commerciaux), au contraire des titulaires de revenus fonciers, peuvent déduire, outre leurs frais généraux dont les intérêts d'emprunt, l'amortissement des biens immobiliers, ce qui leur permet, généralement, de réduire significativement l'impôt sur le revenu à payer voire de ne pas en payer.

- pour ces différentes professions, les charges seront déductibles pour leur montant réellement payé mais la Loi permet le choix d'un régime spécial qualifié de « micro » qui permet aux professionnels concernés, afin de simplifier leurs obligations de tenue de comptabilité et de déclaration fiscale d'appliquer un abattement forfaitaire sur leur revenu catégoriel et il est censé couvrir les frais professionnels :

Le taux de cet abattement dernier dépend de la nature des revenus perçus.

Il est de :

- 30% en matière de revenus fonciers
- 50% en matière de prestations de services commerciales
- 71% en matière de ventes commerciales
- 34% en matière de bénéfices non commerciaux

Ce régime spécifique d'application d'un abattement forfaitaire est toutefois soumis à une condition de réalisation d'un montant de chiffre d'affaires inférieur à certaines limites, assez peu élevées.

Pour les loueurs de meublés de tourisme non classés (type locations AirBnb) la réduction de l'abattement appliqué sur leurs recettes de 50 à 30 % s'appliquera à partir de 2025. La loi Le Meur adoptée le 19 novembre 2024 réduit aussi l'abattement du micro-BIC de 71 % à 50 % pour les loueurs de meublés de tourisme « classés » et les loueurs de chambres d'hôtes à compter de 2025. Le plafond annuel de loyers à respecter pour relever de ce régime est lui aussi raboté : il passe de 77 700 € à 15 000 € pour les locations non classées et de 188 700 € à 77 700 € pour les locations classées et les chambres d'hôtes. Seules les locations meublées à usage de résidence principale sont épargnées. Elles restent soumises au micro-BIC en 2025 jusqu'à 77 700 € de loyers avec un abattement de 50 %, comme en 2024.

- les salariés, quant à eux, déduisent généralement de leur rémunération imposable un abattement de 10% au titre des frais professionnels qu'ils supportent mais ils peuvent opter, en lieu et place de cet abattement, pour la prise en compte de leurs frais réels :

- Frais de repas
- Frais de déplacement kilométriques
- Frais de téléphonie
- Frais de double résidence
- Frais de formation
- Dépenses informatiques (acquisition d'un ordinateur, abonnement à un serveur internet)
- Les frais de télétravail sauf option pour la déduction forfaitaire de 10 % (frais de téléphone, de transport, de cartouches d'encre etc)

Les dépenses courantes (charges) déductibles du revenu global

Ces charges se déduisent du revenu global mais ne peuvent pas être déduites des revenus catégoriels car n'y sont pas rattachées :

- CSG déductible, acquittée sur les revenus du patrimoine (dividendes, revenus fonciers...) Seule une partie de la CSG (soit 6,8 points) est déductible,
- Pensions versées à des ascendants dans le besoin, lorsqu'elles sont justifiées. On déduit l'aide fournie en nature ou en espèce afin de faire face aux besoins alimentaires (nourriture, soins, logement, placement dans un établissement spécialisé...),
- Pensions versées à des enfants mineurs, lorsque le contribuable n'en

a pas la garde (du fait d'un divorce ou d'une séparation),

- Pensions versées à un enfant majeur, en vertu d'une décision de justice ou dans le cadre de l'obligation alimentaire. Dans ce dernier cas, il sera possible de déduire un montant maximal de 6 368 euros par enfant (cette limite est portée à 12 736 euros pour les parents qui participent seuls à l'entretien de leur enfant marié). Si les parents logent leurs enfants, ils peuvent déduire, sans justificatif, une somme forfaitaire de 3 786 euros, correspondant aux frais de logement et de nourriture (globalement, pension et frais d'hébergement ne doivent pas excéder 6 368 €)

La pension alimentaire versée à un enfant majeur mérite un développement particulier. Les parents peuvent choisir de rattacher un enfant de moins 21 ans (25 ans s'il poursuit ses études) ou de lui verser une pension alimentaire.

Le choix à opérer dépend des circonstances. Les parents pouvant rattacher 3 enfants ou plus auront intérêt d'opter pour le rattachement car les personnes à charge à compter de la 3ème ouvrent droit à une part entière.

Pour les parents ayant un ou deux enfants et dont le taux marginal de l'IR est de 41% ou de 45%, le versement d'une pension alimentaire est plus avantageux, du fait du plafonnement du quotient familial. Les sommes déclarées doivent être justifiées (paiement du loyer ou des frais de scolarité, versement de sommes d'argent...).

- Pensions et prestations compensatoires versées à un ex-époux,
- Frais d'accueil d'une personne de plus de 75 ans lorsque les conditions suivantes sont réunies : le contribuable n'a aucune obligation alimentaire envers cette personne, celle-ci vit sous son

toit, ses revenus n'excèdent pas certains seuils,

- Cotisations de sécurité sociale non prises en compte pour la détermination d'un revenu catégoriel,

- Certaines primes et cotisations versées pour la retraite. Sont déductibles les sommes versées sur un PERP, un PEE ou un PER,

- Les déficits des revenus catégoriels sont imputables sans limite de montant sur le revenu global de l'année voire, si son montant est insuffisant pour tout absorber, des six années suivantes. Des règles particulières restreignent parfois l'imputation de ces déficits aux seuls revenus catégoriels à l'exception du revenu global (cas des déficits fonciers)

Comment maximiser les dépenses déductibles

Si les charges ne peuvent à la fois être déduites du revenu global et des revenus catégoriels rien ne s'oppose à la prise en compte du maximum de dépenses successivement par les revenus catégoriels et le revenu global.

Ainsi, les particuliers exerçant une activité commerciale ou non commerciale pourront déclarer affecter un véhicule automobile pour l'exercice de cette activité (amortissements du prix d'acquisition, frais d'assurances, de carburants, de parking) tout en l'utilisant pour les besoins personnels de la vie courante.

Il en sera de même pour une habitation à usage mixte professionnelle et personnelle au niveau de la prise en charge des loyers et des charges locatives.

Sur le principe cependant une quote-part des frais non professionnels est fictivement à ajouter pour le calcul du revenu catégoriel imposable.

A noter qu'un raisonnement similaire peut être tenu pour des gérants de société ou même des salariés et ce par la mise à disposition d'un véhicule et d'une habitation. Alors, un avantage en nature est à ajouter au salaire imposable

Les dépenses courantes (charges) ouvrant droit à des réductions et crédits d'impôt

Emploi d'un salarié à domicile

Recourir à des services à la personne à domicile, en direct ou par le biais d'une société ou d'un organisme agréé (Acadomia, O2...) permet de bénéficier d'un crédit d'impôt (remboursable s'il excède le montant de l'impôt dû) égal à 50% des sommes déboursées (salaire, charges sociales, montant facturé par la société agréée).

Les sommes à prendre en compte sont annuellement plafonnées à :

- 12 000 € (+ 1 500 € par personne à charge, dans la limite de 15000€)
- 20 000 € pour les contribuables invalides ou ayant à leur charge des personnes invalides, qui sont dans l'obligation d'avoir recours à l'assistance d'une tierce personne.

Un contribuable qui a payé 10 000 € une nounou durant l'année (salaires + charges sociales devant être payées par l'employeur) bénéficiera d'un crédit d'impôt de 5 000 €.

Les frais de garde hors du domicile

Les frais de garde hors de votre domicile de vos enfants à charge âgés de moins de 6 ans ouvrent droit à un crédit d'impôt égal à 50 % des dépenses plafonnées à 3 500 € par enfant à charge soit un avantage maximal de 1 750

€ par enfant (la moitié pour un mineur en résidence alternée).

Les frais de scolarité

Les frais de scolarité de vos enfants à charge ouvrent droit à une réduction d'impôt s'ils poursuivent des études secondaires ou supérieures dans un établissement d'enseignement privé ou public ou par l'intermédiaire du Centre national d'enseignement à distance (CNED). La réduction est fixée à 61 € par enfant en collège, 153 € par enfant au lycée et 183 € par enfant dans l'enseignement supérieur. Ces montants sont divisés par deux pour vos enfants mineurs en garde alternée.

Les prestations compensatoires

Si vous devez verser une prestation compensatoire en capital à votre ex-conjoint dans les 12 mois suivant le divorce vous avez le droit à une réduction d'impôt. Peu importe que le divorce soit prononcé par le juge ou qu'il prenne la forme d'une convention signée devant avocats et déposée chez un notaire. Peu importe également que ce capital soit liquidé en argent ou en nature (par attribution de biens ou d'un droit temporaire ou viager d'usage, d'habitation ou d'usufruit).

La réduction d'impôt est égale à 25 % du capital à verser dans la limite de 30 500 € (soit une réduction maximale de 7 625 €).

Lorsque la prestation est versée sur une période supérieure à 12 mois suivant le prononcé du divorce elle n'ouvre pas droit à la réduction d'impôt mais constitue une charge déductible de votre revenu imposable (et un revenu imposable comme une pension alimentaire pour l'ex-conjoint).

Les frais de séjour des personnes dépendantes

La réduction d'impôt est de 25 % des sommes versées dans l'année au titre de la dépendance et de l'hébergement déduction faite de l'allocation personnalisée d'autonomie ou de l'aide sociale. La base de calcul est limitée à 10 000 € par personne soit un avantage fiscal maximum de 2 500 €.

Les dons consentis aux oeuvres

Les dons effectués en argent ou en nature au profit de certains organismes d'intérêt général à but non lucratif et de certaines associations reconnues d'utilité publique ouvrent droit à une réduction d'impôt.

Le don doit être consenti sans contrepartie.

La réduction d'impôt est de 66 % des versements, portée à 75 % pour les dons au profit d'organismes d'aide aux personnes en difficulté (dans la limite de 1 000 € en 2021).

Les autres réductions

Elles concernent :

- les cotisations syndicales à hauteur de 66 % des sommes versées dans la limite de 1 % du revenu imposable,

- les primes versées sur un contrat de rente survie ou d'épargne handicap à concurrence de 25 % des versements (dans la limite de 1 525 € majoré de 300 € par enfant à charge), -

- les frais d'adhésion des commerçants, artisans et professions libérales à un organisme de gestion agréé (deux tiers des frais plafonnés à 915 €), cette disposition étant abrogée pour les revenus 2025

- les systèmes de charge des véhicules électriques installés dans les résidences principale ou secondaire (75 % dans la limite de 500 €)

CHAPITRE 6

Les investissements

Les personnes physiques peuvent bénéficier de nombreux régimes de défiscalisation à raison de certains de leurs investissements.

En résumé, les investissements ouvrant droit à réduction ou crédit d'impôt :

- les équipements de chauffage et d'économie d'énergie

- les dispositifs d'aide à la personne

- les travaux de prévention des risques technologiques

- les investissements immobiliers locatifs

- les investissements immobiliers en outre-mer

- les placements en FIP outre-mer

- les investissements forestiers

- le recours au déficit foncier

- les investissements en location meublée

- les souscriptions au capital des PME

- autres souscriptions au capital de sociétés

Equipements de chauffage et d'économie d'énergie

Ils ont donné droit, pour les propriétaires, sous conditions de ressources, au crédit d'impôt pour la transition énergétique (CITE) jusqu'au 31/12/2020, lequel est remplacé depuis cette date par des aides énergétiques de l'État ou autres dont le dispositif MaPrimeRénov'.

MaPrimeRénov' est la principale aide de l'État pour la rénovation énergétique en France. Elle est accessible à tous les propriétaires et concerne les logements occupés à titre de résidence principale (par le propriétaire lui-même ou par un locataire).

Elle est déclinée en trois parcours :

- MaPrimeRénov parcours par geste

Ce dispositif permet de financer une rénovation dite « par geste », qui concerne l'isolation thermique ou l'installation d'un système de chauffage ou d'eau chaude sanitaire décarboné. Cela concerne, par exemple, l'isolation thermique des murs par l'intérieur ou l'installation d'une pompe à chaleur air/eau, etc.

Le montant de l'aide varie selon votre niveau de revenus et la nature des travaux que vous souhaitez effectuer

L'aide MaPrimeRénov' parcours par geste vous est accordée sous conditions de revenus.

Vos revenus et ceux de l'ensemble des personnes qui composent votre ménage sont pris en compte, même si vous avez des avis d'imposition distincts.

Les revenus retenus sont ceux de 2024 pour les demandes faites en 2025).

Plafonds de ressources en Ile-de-France au 1er janvier 2025

nombre de personnes composant le ménage	ménages aux revenus très modestes	ménages aux revenus modestes	ménages aux revenus intermédiaires	ménages aux revenus supérieurs
1	23 768 €	28 933 €	40 018 €	supérieur à 40 018 €
2	34 884 €	42 463 €	58 827 €	supérieur à 58 827 €
3	41 893 €	51 000 €	70 382 €	supérieur à 70 382 €
4	48 914 €	59 549 €	82 839 €	supérieur à 82 839 €
5	55 961 €	68 123 €	94 844 €	supérieur à 94 844 €
par personne supplémentaire	+7 038 €	+ 8 568 €	+ 12 006 €	+ 12 006 €

Plafonds de ressources hors Ile-de-France et en Outre-mer au 1er janvier 2025

nombre de personnes composant le ménage	ménages aux revenus très modestes	ménages aux revenus modestes	ménages aux revenus intermédiaires	ménages aux revenus supérieurs
1	17 173 €	22 015 €	30 549 €	supérieur à 30 549 €
2	25 115 €	32 197 €	44 907 €	supérieur à 44 907 €
3	30 206 €	38 719 €	54 071 €	supérieur à 54 071 €
4	35 285 €	45 234 €	63 235 €	supérieur à 63 235 €

nombre de personnes composant le ménage	ménages aux revenus très modestes	ménages aux revenus modestes	ménages aux revenus intermédiaires	ménages aux revenus supérieurs
5	40 388 €	51 775 €	72 400 €	supérieur à 72 400 €
par personne supplémentaire	+ 5 094 €	+ 6 525 €	+ 9 165 €	+ 9 165 €

L'obligation de fournir un diagnostic de performance énergétique (DPE) est levée pour les demandes d'aides MaprimeRénov parcours par geste en France métropolitaine jusqu'au 31 décembre 2025.

À partir du 1er janvier 2026, il sera obligatoire de faire réaliser un diagnostic de performance énergétique (DPE) ou un audit énergétique de votre logement avant de réaliser les travaux.

L'obligation de fournir un DPE ou un audit énergétique avant de réaliser les travaux ne concerne pas les logements situés en outre-mer

Pour bénéficier de l'aide, il est également obligatoire de recourir à un professionnel conventionné reconnu garant environnemental (RGE) pour réaliser vos travaux.

Sous réserve de recourir à un professionnel RGE pour les réaliser, les travaux suivants sont éligibles à l'aide MaPrimeRénov' :

- Chauffage et eau chaude sanitaire
  - chaudière à alimentation automatique fonctionnant au bois ou autres biomasses
  - chaudière à alimentation manuelle fonctionnant au bois ou autres biomasses

- équipement de chauffage ou de fourniture d'eau chaude sanitaire indépendant fonctionnant au bois ou autres biomasses
- équipement de production de chauffage fonctionnant à l'énergie solaire thermique
- équipement de fourniture d'eau chaude sanitaire fonctionnant à l'énergie solaire thermique
- équipement de chauffage ou de fourniture d'eau chaude sanitaire fonctionnant avec des capteurs solaires hybrides thermiques et électriques à circulation de liquide
- pompe à chaleur géothermique ou solarothermique et échangeur de chaleur souterrain associé
- pompe à chaleur air/eau
- pompe à chaleur dédiée à la production d'eau chaude sanitaire
- équipement de raccordement ou droits et frais de raccordement pour leur seule part représentative du coût de l'acquisition et de la pose de ces mêmes équipements, à un réseau de chaleur ou de froid, alimenté majoritairement par des énergies renouvelables ou de récupération
- dépose d'une cuve à fioul

- Isolation thermique
  - isolation thermique des parois vitrées, à la condition que les matériaux installés viennent en remplacement de parois en simple vitrage
  - isolation des murs en façade ou pignon
  - isolation des rampants de toiture et plafonds de combles
  - isolation des toitures terrasse
  - équipement ou matériaux de protection des parois vitrées ou opaques contre les rayonnements solaires (uniquement en outre-mer)• Sur-

- toitures ventilées (uniquement en outre-mer)
- bardages ventilés (uniquement en outre-mer)

- Ventilation
  - système de ventilation mécanique contrôlée (VMC) double flux autoréglable ou hygroréglable

Le montant de MaPrimeRénov' Parcours par geste diffère selon vos ressources, le type d'opération réalisée, et selon que le logement est situé en métropole ou en outre-mer. Voici quelques exemples :

- Chauffage et eau chaude sanitaire

Pour les travaux concernant le chauffage et l'eau chaude sanitaire, une aide forfaitaire vous sera accordée, en fonction de la nature précise des travaux à effectuer et de vos revenus.

- pour les ménages aux revenus très modestes : l'aide forfaitaire est comprise entre 1 200 € et 18 000 € en fonction des travaux à effectuer.
- pour les ménages aux revenus modestes : l'aide forfaitaire est comprise entre 750 €€ et 18 000 € en fonction des travaux à effectuer.
- pour les ménages aux revenus intermédiaires : l'aide forfaitaire est comprise entre 400 € et 18 000 € en fonction des travaux à effectuer.

- Isolation thermique
  - pour les ménages aux revenus très modestes : l'aide est de 100 € par équipement dans la limite de 1 000 € par équipement
  - pour les ménages aux revenus modestes : l'aide est de 80 € par équipement dans la limite de 1 000 € par équipement.

- pour les ménages aux revenus intermédiaires : l'aide est de 40 € par équipement dans la limite de 1 000 €

- MaPrimeRénov' Parcours accompagné

MaPrimeRénov' Parcours accompagné vous aide à réaliser des travaux d'ampleur. Le recours à unAccompagnateur Rénov' est obligatoire dans ce parcours afin de faciliter l'ensemble de la démarche.

Afin d'être éligible à l'aide MaPrimeRénov' Parcours accompagné, les travaux engagés doivent satisfaire certains critères, notamment :

- permettre de gagner au moins deux classes énergétiques au logement (de F à D, par exemple),
- inclure deux gestes d'isolation (toiture, fenêtre/menuiserie, sols ou murs) dans le programme de travaux.

Afin d'être éligibles à l'aide MaPrimeRénov' Parcours accompagné les travaux engagés doivent satisfaire certains critères.

- Les travaux envisagés doivent permettre de gagner au moins deux classes énergétiques au logement (de F à D, par exemple).
- Il est également demandé d'inclure deux gestes d'isolation (toiture, fenêtre/menuiserie, sols ou murs) dans le programme de travaux.
- Le projet ne doit pas prévoir d'installer un chauffage fonctionnant majoritairement aux énergies fossiles.
- Il est également interdit de garder un chauffage fonctionnant au fioul ou au charbon.
- Les équipements et matériaux éligibles doivent respecter certains critères techniques.
- Il est aussi indispensable de faire appel au dispositif Mon Accompagnateur Rénov' pour bénéficier de l'aide.

- Les travaux réalisés doivent correspondre à l'audit énergétique réalisé en amont des travaux.

L'aide se calcule en taux de prise en charge sur le montant hors taxes des travaux éligibles (correspondant au coût du matériel éligible, pose comprise). Ce montant ne tient pas compte des remises, ristournes ou rabais proposés par les entreprises.

Une bonification de 10 % peut être appliquée à ce taux si votre logement est une passoire énergétique (logements avec une étiquette F ou G) et que le programme de travaux vous permet d'atteindre une étiquette D au minimum.

L'aide est écrêtée. Cela signifie qu'en additionnant l'ensemble des aides que vous percevez en plus de MaPrimeRénov' Parcours accompagné pour effectuer ces travaux, le montant total des aides perçues ne pourra pas dépasser un certain pourcentage de votre montant total de travaux, toutes taxes comprises

- MaPrimeRénov Copropriété

MaPrimeRénov' Copropriété finance les travaux des parties communes en copropriété et les travaux sur les parties privatives déclarées d'intérêt collectif, permettant une amélioration de la consommation énergétique.

Cette aide concerne, par exemple, l'isolation des façades, l'étanchéité des toits-terrasses ou encore le changement du système de chauffage collectif.

C'est une aide collective qui bénéficie à tous les copropriétaires, quels que soient leurs revenus, qu'ils occupent leur logement ou qu'ils le mettent en location.

Notez que la copropriété doit répondre à certaines conditions pour pouvoir être éligible.

L'aide doit être demandée par le syndic de copropriété, avec un seul dossier de demande à déposer. La subvention est versée directement au syndicat de copropriétaires puis répartie selon la règle des tantièmes.

Le montant de l'aide dépend du coût des travaux, de la situation de la copropriété et du nombre de logements au sein de cette dernière. MaPrimeRénov' Copropriété finance de 30 % à 45 % du montant des travaux, dans un plafond de 25 000 € par logement. Une bonification supplémentaire de 20 % peut être accordée pour les copropriétés fragiles ou en difficulté.

Le montant de l'aide dépend essentiellement du coût des travaux, de la situation de la copropriété et du nombre de logements au sein de cette dernière.

MaPrimeRénov' Copropriété finance de 30 % à 45 % du montant des travaux selon l'ambition de la rénovation énergétique :

- 30 % pour une rénovation permettant un gain énergétique d'au moins 35 %,
- 45 % pour une rénovation énergétique permettant un gain énergétique d'au moins 50 %.

L'aide est plafonnée à un montant de travaux de 25 000 € par logement.

Une prime supplémentaire est destinée aux copropriétaires aux ressources modestes et très modestes. Le montant de cette prime est respectivement de 1 500 € et de 3 000 €.

En complément, un bonus de 10 % et des primes individuelles sont appliqués en cas de sortie du statut de passoire énergétique (soit les logements dont la lettre est F ou G sur le diagnostic de performance énergétique avant travaux)

Afin de bénéficier de cette aide, les travaux envisagés par la copropriété doivent tout d'abord lui permettre de réaliser un gain énergétique à hauteur de 35 % (à l'exception des copropriétés situées en Outre-mer qui relèvent d'une réglementation particulière).

Afin de réaliser ces travaux, l'assistance à maîtrise d'ouvrage est obligatoire. Elle est financée en partie par l'Agence nationale de l'habitat (Anah) à hauteur de 50 % du prix de la prestation avec un plafond de 300 € hors taxes, par logement, pour une copropriété de plus de 20 logements. Ce plafond est porté à 500 € hors taxes par logement pour une copropriété de moins de 20 logements avec un plancher de 3 000 € (la demande d'aide relative aux prestations d'AMO peut être déposée antérieurement à celle relative aux travaux).

Les travaux doivent être réalisés par un professionnel reconnu garant de l'environnement RGE)

Pour les travaux de plus de 100 000 €, la maîtrise d'œuvre est obligatoire.

L'attribution de l'aide MaPrimeRénov' Copropriété est également subordonnée à la production d'une évaluation énergétique.

- Les certificats- d'économie d'énergie (CEE)

Les fournisseurs d'énergie peuvent proposer des aides financières aux particuliers pour financer partiellement ou totalement leurs travaux d'économies d'énergie dans leur logement. Selon les fournisseurs d'énergie retenus, l'aide peut prendre différentes formes (prime, prêt à taux bonifiés, réductions, etc.).

Ces aides sont proposées dans le cadre de ce que l'on nomme les certificats d'économie d'énergie (CEE). Vous êtes concerné par cette aide si vous êtes locataire ou propriétaire d'un logement achevé depuis plus de deux ans, qu'il s'agisse de votre résidence principale ou secondaire.

Ces aides concernent différents travaux tels que les travaux d'isolation ou les équipements de chauffage. Le montant de l'aide est variable selon les fournisseurs d'énergie, la nature de vos travaux, l'ampleur des économies d'énergie réalisées et vos revenus. Certains fournisseurs proposent sur leur site internet de faire une simulation pour connaître le montant auquel vous pouvez prétendre.

Le dispositif des CEE permet par ailleurs l'octroi de primes dites « coups de pouce » qui sont des primes complémentaires pour financer certaines dépenses de travaux de rénovation énergétique.

- La prime « Coup de pouce chauffage »

C'est une prime qui sert à remplacer votre chaudière à gaz, au charbon ou au fioul par l'une de ces installations plus propre et moins énergivore :

- chaudière biomasse performante (chaudière qui utilise un combustible organique comme le bois et ses dérivés),
- pompe à chaleur air/eau,
- pompe à chaleur eau/eau (pompe à chaleur géothermique),
- pompe à chaleur hybride (système combinant la technologie d'une pompe à chaleur air/eau et d'une chaudière à condensation),
- système solaire combiné (système combinant un panneau solaire et un ballon de stockage),
- raccordement à un réseau de chaleur alimenté par des énergies renouvelables.

Elle permet également de financer le remplacement d'un équipement indépendant de chauffage au charbon par un appareil de chauffage au bois très performant.

La prime est versée, dans le cadre du dispositif des certificats d'économies d'énergie, par les signataires de la charte « Coup de pouce Chauffage ».

Elle est sans condition de ressources et s'adresse aux propriétaires ou locataires d'une maison individuelle construite depuis plus de deux ans. Le montant de la prime dépend du niveau de revenu du foyer (avec une bonification pour les ménages les plus modestes) et du type d'équipement à remplacer.

- Les aides locales pour financer vos travaux de rénovation énergétique

Au-delà des aides nationales, il existe aussi des aides locales pour améliorer la performance énergétique de votre logement.

Afin de trouver les aides proposées par votre région ou votre commune, se rapprocher de l'agence nationale pour l'information sur le logement (ANIL)

- L'aide du fonds Air bois

Pour bénéficier de cette aide, vous devez remplacer un appareil non performant de chauffage au bois comme une cheminée ouverte (peu importe l'année de sa construction), un foyer fermé, un poêle, une cuisinière, une chaudière (installés avant 2002) par du matériel très performant en termes de rendement et de limitation des émissions de particules fines.

L'aide du Fonds Air Bois est proposée par certaines collectivités des régions suivantes : Auvergne-Rhône Alpes, Grand Est, Hauts-de-France, Ile-de-France, Normandie, Occitanie et Provence-Alpes Côte d'Azur.

- Le chèque énergie

Le chèque énergie est une aide versée, sous conditions de ressources, pour aider les ménages concernés à régler les factures d'énergie de leur logement. En 2024, le montant du chèque énergie était compris entre 48 € et 277 € selon les revenus et la composition du ménage.

Les bénéficiaires du chèque énergie peuvent également l'utiliser pour certaines dépenses liées à la rénovation énergétique du logement réalisées par un professionnel certifié reconnu RGE.

- L'éco-prêt à taux zéro

L'éco-prêt à taux zéro (éco-PTZ) est un prêt à taux d'intérêt nul et accessible sans condition de ressources, pour financer des travaux d'amélioration de la performance énergétique au sein de votre logement.

Il s'adresse à :

- toutes les personnes physiques (propriétaires, occupants ou bailleurs d'un logement),
- aux sociétés civiles non soumises à l'impôt sur les sociétés, dont au moins un des associés est une personne physique,
- ainsi qu'aux syndicats de copropriétaires qui engagent des travaux de rénovation sur les parties communes et sur les parties privatives d'intérêt collectif.

Pour prétendre à ce prêt à taux zéro, votre logement doit remplir deux critères :

- être utilisé à titre de résidence principale,
- être achevé depuis plus de deux ans à la date du début des travaux.

Ce prêt à taux zéro permet de financer plusieurs types de rénovations :

- rénovations comptant la réalisation d'une action d'amélioration de performance énergétique,
- rénovations d'ampleur combinant un ensemble de travaux et permettant l'atteinte d'une performance énergétique globale d'au moins 35 % (par rapport à la consommation avant travaux),
- ou encore travaux de réhabilitation des systèmes d'assainissement non-collectifs ne consommant pas d'énergie. Le montant de l'éco-prêt à taux zéro est égal au montant des dépenses éligibles selon le type de travaux, dans la limite des plafonds déterminés.

- Le prêt avance mutation

Le prêt avance mutation (ou prêt avance rénovation) est un prêt hypothécaire permettant aux propriétaires de financer des travaux de rénovation énergétique tels que :

- l'isolation thermique de la toiture et des murs, parois vitrées ou portes donnant sur l'extérieur,
- le remplacement de systèmes de chauffage ou de production d'eau chaude sanitaire et d'autres travaux permettant d'atteindre une performance énergétique globale minimale du logement
- l'isolation des planchers bas.

Le prêt avance mutation peut vous être proposé par un établissement de crédit, une société de financement ou une société de tiers-financement qui en détermine le montant et le taux d'intérêt.

Son remboursement s'effectue en une seule fois, lors de la revente du bien ou au moment de la succession.

Le crédit d'impôt d'aide à la personne

Il s'applique aux dépenses payées jusqu'en 2025 dans un immeuble neuf ou ancien pour :

- l'installation ou le remplacement dans la résidence principale d'équipements destinés à en faciliter l'accès aux personnes âgées ou handicapées
- ou la réalisation de travaux prescrits par un plan de prévention des risques technologiques

Le taux de crédit d'impôt est de 25 % calculé sur le prix TTC d'achat des équipements majorés des frais de main d'oeuvre facturés par les entreprises. Les dépenses retenues sont plafonnées à 10 000 € (plafond pluri annuel) pour un couple imposé en commun, 5 000 € pour une personne seule, majoré de 400 € par enfant.

Les travaux relatifs aux risques technologiques

Pour les travaux relatifs aux risques technologiques le crédit d'impôt est de 40 % dans la limite de 20 000 € (plafond pluri annuel). Ils doivent être prescrits part un Plan de Prévention des Risques Technologiques et réalisés dans un délai de 11 ans suivant l'approbation de ce plan.

Les investissements immobiliers locatifs

La défiscalisation immobilière est réduite à compter de 2025 avec la fin du dispositif Pinel au 31/12/2024. Mais il est encore possible d'opter pour lui pour un investissement réalisé avant 2025 (vente en l'état d'achèvement par exemple en 2024) et de bénéficier de la réduction d'impôt en 2027 par exemple pour un achèvement de l'immeuble en 2026.

Seuls subsistent les dispositifs Loc'Avantages, le Denormandie, la loi Malraux.

Le moyen le plus efficace en 2025 de défiscaliser avec l'immobilier consiste désormais à actionner le levier du déficit foncier qui permet de déduire des charges importantes, notamment des travaux, et de minorer son revenu locatif pendant de longues années. Sans parler de la location meublée qui continue pour l'instant de bénéficier d'une fiscalité des revenus attractive.

L'investissement locatif Pinel

Il ouvre droit à une réduction d'impôt calculée sur le prix d'achat des logements neufs ou réhabilités pour atteindre les performances techniques du neuf.

Il concerne les opérations réalisées entre le 1er septembre 2014 et le 31 décembre 2024 en métropole ou en outre-mer. Les opérations antérieures peuvent être éligibles au dispositif Duflot.

Le logement doit être loué nu, à un prix inférieur d'environ 20% au marché du secteur concerné, pendant six ou neuf ans prolongeable. Les revenus du locataire doivent être inférieurs à un certain plafond afin de réserver les logements concernés aux ménages modestes.

Le logement peut être loué à un ascendant ou un descendant du propriétaire, à condition qu'il ne fasse pas partie de son foyer fiscal et que les plafonds de loyer et de ressources du locataire soient respectés.

Enfin, le logement doit atteindre un niveau global de performance énergétique fixé par la Loi.

Le propriétaire s'engage sur une durée initiale de location de 6 ou 9 ans au choix, prolongeable jusqu'à 12 ans. L'avantage fiscal est croissant et réparti sur toute la durée d'engagement, dans la limite d'un plafond global de 300 000 euros et de 5 500 euros par mètre carré : 10,5% du prix d'achat du bien sur six ans, 15% sur neuf ans, 17,5% sur 12 ans. Pour des investissements réalisés en 2024 ces taux sont réduits respectivement à 9, 12 et 14 %.

Les investissements réalisés par le biais d'une société civile de placement immobilier (SCPI) bénéficient du dispositif Pinel dans les mêmes conditions que ceux réalisés par les particuliers.

Enfin, les logements éligibles doivent être construits dans des zones présentant un déséquilibre entre l'offre et la demande de logements ; à compter du 1er janvier 2018, seules les zones A, A bis et B1 du territoire sont éligibles.

Toutefois, le dispositif est maintenu dans les zones B2 et C pour les acquisitions ayant fait l'objet d'une demande de permis de construire avant le 31 décembre 2017, avec signature de l'acte d'acquisition avant le 15 mars 2019.

Exemple : Imaginons à présent un exemple de calcul Pinel. Prenez un couple qui paie 5000 euros d'impôt sur le revenu. Il a décidé d'investir en 2024 à Nantes, en zone B1. Leur choix se porte sur un appartement de 50 m2, d'une valeur de 150.000 euros.

Plusieurs options s'offrent à eux :

- mettre le bien en location **pendant 6 ans**, pour bénéficier d'une réduction d'impôt à hauteur de 9 % du prix d'achat, soit 13 500 euros
- mise en location **pendant 9 ans**, pour une réduction d'impôt de 12%, soit 18 000 euros
- bien mis en location **pour 12 ans**, réduction d'impôt de 14 % de l'investissement, soit 21 000 euros.

Imaginons ensuite que le couple décide de louer le bien pendant 12 ans, pour tirer le meilleur profit de leur investissement. Avec une réduction totale de 21 000 euros, il bénéficie d'une réduction de 1 750 euros par an. Ce qui signifie qu'au lieu de payer 5 000 euros comme avant, ils ne paieront plus que 3 250 euros d'impôt sur le revenu.

Mais attention, n'oublions pas que si le bien est mis en location, en tant que bailleur, le couple perçoit des loyers.

Comme le bien est situé en zone B1, le calcul loyer loi Pinel est le suivant : 50 m2 x 11,31 €/m2 = 566 €/mois

Ainsi, le couple peut mettre le bien en location et bénéficier d'une réduction d'impôt sur le revenu à condition de ne pas dépasser le loyer de 566 € mensuels pendant 12 ans.

On le comprend, ces revenus s'ajoutent aux revenus fiscaux du couple. Mais la loi Pinel permet de déduire des charges, afin de conserver l'avantage fiscal.

Celles-ci représentent en général 2% à 5% du montant total de l'investissement :

- les intérêts d'emprunt
- les frais de garantie du prêt
- la taxe foncière
- les frais d'entretien du logement et de réparation
- les primes d'assurance
- les frais salariaux du concierge de l'immeuble

Le dispositif Denormandie ancien

Extension du Pinel, il consiste à rénover un logement vétuste pour le louer.

Le dispositif Denormandie s'adresse aux propriétaires bailleurs qui :

- achètent un **bien à rénover** dans un des territoires éligibles au dispositif ;
- souhaitent mettre leur logement **vide** en location longue durée, pendant 6, 9 ou 12 ans.

Le dispositif a été étendu aux investissements réalisés à compter du 11 avril 2024 dans des copropriétés en grande difficulté financière ou incluses dans le périmètre d'une opération de requalification des copropriétés dégradées.

Cette réduction d'impôt sur le revenu s'applique aussi bien aux contribuables fiscalement domiciliés en France au moment de l'investissement et qui font rénover leur bien, qu'à ceux qui achètent à un promoteur qui a fait rénover le bâtiment.

Le dispositif Denormandie, applicable jusqu'au 31 décembre 2027, est disponible dans les 234 villes du plan « Action Coeur de ville » mais certaines communes ayant signé une opération de revitalisation du territoire peuvent également proposer à des particuliers ou à des promoteurs d'investir, de rénover et de louer moyennant une défiscalisation.

Les bailleurs bénéficient d'une réduction d'impôt calculée sur la totalité de l'opération, en fonction de la durée de la location :

- 6 ans : 12 %
- 9 ans : 18 %
- 12 ans : 21 %

Exemple : pour l'achat d'un bien de 160 000 euros avec 40 000 euros de travaux, l'aide est de 33 600 euros pour une location de 12 ans, soit 2 800 euros de déduction par an.

Comment bénéficier de la réduction d'impôt ?

Faire des travaux à hauteur de 25 % du coût total de l'opération, soit pour l'achat d'un logement de 160 000 euros, 40 000 euros de travaux. Les travaux éligibles au dispositif sont :

- tous les travaux qui concernent la création de surfaces habitables nouvelles (et annexes)
- la modernisation, l'assainissement ou l'aménagement de surfaces habitables (et annexes)
- les travaux pour réaliser des économies d'énergie

A noter : dès lors que le logement a plus de deux ans, le taux de TVA de 10 %, voire de 5,5 % pour les travaux de rénovation énergétique, est susceptible de s'appliquer si les conditions sont remplies.

Le plafond des dépenses pris en charge est de 300 000 euros. Si le bien est acheté 400 000 euros et que 100 000 euros de travaux sont effectués, la déduction s'appliquera sur 300 000 euros et non sur 500 000 euros.

Les loyers pratiqués sont plafonnés pour mettre sur le marché une offre de logements abordables.

Après l'achèvement des travaux, le logement doit respecter un niveau de performance énergétique permettant, soit de faire baisser la consommation d'énergie primaire du bâtiment de 30 % (20 % en copropriété) soit d'améliorer la performance énergétique.

La réduction d'impôt dite Pinel ne vise pas les mêmes opérations que le Denormandie dans l'ancien : elle s'applique à l'acquisition de logements neufs ou assimilés et dépend d'un zonage spécifique (zones A, Abis et B1).

Dans les quelques situations ou les deux réductions d'impôt pourraient s'appliquer, le contribuable aura le choix du dispositif dont il entend bénéficier.

Le Loc'Avantages

Ce dispositif s'applique aux logements neufs ou anciens situés en zone tendue, loués entre le 1er mars 2022 et le 31 décembre 2027. L'avantage fiscal prend la forme d'un crédit d'impôt (réduction d'impôt avant 2024) et non plus, comme pour le dispositif antérieur appelé Cosse ancien, d'une déduction forfaitaire de façon à inciter davantage de propriétaires à louer à des locataires modestes.

Les logements anciens ou neufs, nus ou meublés sont éligibles. Et il faut choisir un niveau de conventionnement (intermédiaire, social, très social), un simple engagement suffit à partir de 2024 et non plus une convention signée avec l'ANAH.

Les plafonds de loyers ne sont pas déterminés au niveau national mais en appliquant une décote sur les loyers réels observés à l'échelle locale, de 15 % en secteur intermédiaire, 30 % en secteur social, et 45 % en secteur très social.

Des plafonds de ressources sont à respecter :

Pour le logement donné en location dans le cadre d'une convention intermédiaire, sociale ou très sociale, en métropole, pour les baux conclus ou renouvelés en 2024, les ressources des locataires ne doivent pas dépasser les montants suivants (CGI : art. 2 terdecies G, 2, a) (décret du 31.3.22 : art. 2 / CGI : art. 2 terdecies H, II, 1) :

Location intermédiaire

Composition du foyer	Zone A bis	Zone A	Zone B1	Zone B2/C
Personne seule	43.475	43.475	35.435	31.892
Couple	64.976	64.976	47.321	42.588
Pers. seule ou couple ayant 1 pers. à charge	85.175	78.104	56.905	51.215
Pers. seule ou couple ayant 2 pers. à charge	101.693	93.556	68.699	61.830
Pers. seule ou couple ayant 3 pers. à charge	120.995	110.753	80.816	72.735
Pers. seule ou couple ayant 4 pers. à charge	136.151	124.630	91.078	81.971
Majoration par pers. à charge supplémentaire à partir de la 5ème	+15.168	+13.886	+10.161	+9.142

Location sociale

Composition du foyer	Zone A bis	Zone A	Zone B1	Zone B2	Zone C
Personne seule	31.827	31.827	25.942	25.515	23.347
Couple	47.570	47.570	34.645	31.180	31.180
Pers. seule ou couple ayant 1 pers. à charge	62.357	57.180	41.661	37.495	37.495
Pers. seule ou couple ayant 2 pers. à charge	74.451	68.494	50.296	45.266	45.266
Pers. seule ou couple ayant 3 pers. à charge	88.581	81.083	59.166	53.250	53.250
Pers. seule ou couple ayant 4 pers. à charge	99.681	91.247	66.682	60.014	60.014
Majoration par pers. à charge supplémentaire à partir de la 5ème	+11.108	+10.168	+7.439	+6.694	+6.694

Location très sociale

Composition du foyer	Zone A bis	Zone A	Zone B1	Zone B2	Zone C
Personne seule	16.852	16.852	13.736	12.362	12.362
Couple	27.480	27.480	20.013	18.011	18.011
Pers. seule ou couple ayant 1 pers. à charge	36.021	33.031	24.066	21.659	21.659
Pers. seule ou couple ayant 2 pers. à charge	39.638	36.466	26.777	24.100	24.100
Pers. seule ou couple ayant 3 pers. à charge	46.906	42.936	31.331	28.198	28.198
Pers. seule ou couple ayant 4 pers. à charge	52.782	48.316	35.309	31.778	31.778
Majoration par pers. à charge supplémentaire à partir de la 5ème	+5.880	+5.383	+3.938	+3.544	+3.544

Loc'Avantages permet de bénéficier d'une réduction d'impôt égale à une fraction des revenus encaissés pendant la durée couverte par la convention Anah. Son taux varie selon les conditions de location :

- 15 % pour une location de droit commun dans le secteur intermédiaire (20 % en cas d'intermédiation locative)

- 35 % pour une location dans le secteur social (40 % en cas d'intermédiation locative)

- 65 % pour une intermédiation locative dans le secteur très social

La restauration immobilière Malraux

La restauration immobilière peut vous octroyer une belle réduction d'impôt. Mais attention, pas n'importe quelle restauration : elle doit concerner la restauration complète de beaux immeubles dans un secteur sauvegardé ou assimilé.

Condition liée à la restauration :
- l'immeuble à réhabiliter doit être situé dans l'un des 40 quartiers anciens dégradés listés au décret n°2009-1780 du 31 décembre 2009 ou dans certains quartiers présentant une concentration élevée d'habitat ancien dégradé (liste fixée par un arrêté du 19 janver 2018) ;
- ou dans un site patrimonial remarquable (SPR). Alors, la restauration complète doit avoir été déclarée d'utilité publique, sauf dans les secteurs sauvegardés ou les sites patrimoniaux remarquables couverts par un PSMV (plan de sauvegarde et de mise en valeur) ou un PVAP (plan de valorisation de l'architecture et du patrimoine) approuvé. Les travaux doivent être suivis par les architectes des Bâtiments de France.

Conditions liées à la location :

Pour bénéficier de la réduction d'impôt, l'investisseur doit louer le bien dans les 12 mois suivant la fin des travaux et s'engager à poursuivre la location pendant au moins 9 ans. La location doit être nue et à usage d'habitation principale (pour les locaux à usage d'habitation).

Les locataires ne peuvent pas être un membre du foyer fiscal, un ascendant ou un descendant.

Les dépenses ouvrant droit à la réduction d'impôt sont de 2 natures :

- les charges de droit commun ;
- les dépenses spécifiques.

Les charges de droit commun, comme leur nom l'indique, correspondent aux charges classiques inhérentes à la location d'un bien et en principe déductibles du revenu foncier. La loi Malraux permet de profiter d'une réduction d'impôt pour ces dites charges :

- dépenses d'entretien et de réparation ;
- dépenses d'amélioration dans des locaux d'habitation et des locaux professionnels pour lutter contre l'amiante ou faciliter l'accueil des handicapés (hors dépenses de construction ou d'agrandissement) ;
- assurances ;
- impôts locaux ;
- frais de gestion ;
- provisions pour dépenses de travaux de la copropriété ;
- frais accessoires des travaux de restauration (honoraires de l'architecte notamment).

Les dépenses spécifiques sont :

- les frais d'adhésion à une association foncière urbaine de restauration
- les dépenses de travaux imposés ou autorisés par l'Etat : travaux de démolition, de reconstitution de toitures ou murs extérieurs, de transformation en logement.

La loi Malraux permet de bénéficier de réductions d'impôts sur certains biens immobiliers anciens destinés à la location. Cependant, celle-ci peut être utilisée en cumul avec le déficit foncier. N'étant pas une niche fiscale, le déficit foncier peut vous faire économiser jusqu'à 10 700 € par an sur votre revenu global. Afin d'en bénéficier, il sera nécessaire de remplir certaines conditions. Parmi celles-ci, nous retrouvons :

- Les conditions nécessaires afin d'être éligible à la loi Malraux (détaillées plus haut dans cet article)

- La possession d'un bien immobilier mis en location en France
- La location nue de votre bien
- L'assujettissement de vos revenus fonciers au régime réel d'imposition
- L'obligation d'une location étendue à 9 ans à compter de la première imputation du déficit et à le conserver au minimum **3 ans** après l'imputation du déficit foncier
- Les travaux effectués dans le bien coûtent plus que ce que les loyers ne vous rapportent
- Les travaux effectués entrent dans la catégorie fiscale des travaux déductibles du revenu foncier
- Vous effectuez le programme de restauration Malraux à l'aide d'une **Association Syndicale Libre**(ASL) ou d'une **Association Foncière Urbaine Libre** (AFUL). Dans le cadre d'une Vente d'Immeuble à Rénover (VIR), le cumul n'est pas autorisé

Cette combinaison de dispositifs fiscaux peut permettre ainsi de bénéficier d'une réduction d'impôt allant jusqu'à 100% du montant des travaux réalisés et de pouvoir **reporter l'excédent** sur les revenus fonciers pendant 10 ans.

La réduction d'impôt est calculée sur les dépenses de travaux de restauration payées dans l'année d'imposition.

Pour les biens acquis après le 1er janvier 2017, les dépenses prises en comptes sont **limitées à 400 000 € étalées sur 4 ans** (montant TTC) après déduction des aides ou subventions éventuelles. Auparavant, la limite était de 100 000 € par an. La part excédant le plafond ne peut être déduite du revenu foncier.

Si le bien est détenu par plusieurs personnes (indivision ou société non soumise à l'IS), le plafond de dépenses s'applique pour chaque copropriétaire. La réduction est calculée selon la quote-part de chacun.

Depuis 2014, le dispositif Malraux n'est plus inclus dans le plafonnement des avantages fiscaux fixé à 10 000 € par an. De ce fait, les dépenses effectuées à compter de 2013 ne seront plus prises en compte pour le calcul du plafonnement.

Depuis 2016, les dépenses éligibles dans le "Malraux ancien" sont bornées dans le temps. Désormais, seules les dépenses engagées dans les 9 ans suivant la dernière demande de permis de construire ou déclaration de travaux seront prises en compte.

Le taux de la réduction d'impôt est de

- 30 % dans un secteur sauvegardé ou QAD (quartier ancien dégradé) ou site patrimonial remarquable couvert par un PSMV (plan de sauvegarde et de mise en valeur) approuvé ;
- 22 % en ZPPAUP (zone de protection du patrimoine architectural urbain et paysager) ou AMVAP (aire de mise en valeur de l'architecture et du patrimoine) ou site patrimonial remarquable non couvert par un PSMV approuvé.

Les investissements immobiliers outre-mer

- le dispositif Pinel Outre mer

Investir dans l'immobilier Outre-Mer permet au contribuable de bénéficier de réductions d'impôt sur le revenu. En 2024, une seule loi de défiscalisation immobilière permet aux particuliers de bénéficier de réduction d'impôts en investissant dans l'immobilier Outre-Mer : la loi Pinel Outre-Mer.

La loi Pinel Outre Mer octroie à l'investisseur une réduction d'impôt de 20 %, 23 % ou 25 % de la valeur du bien, à valoir sur 6, 9 ou 12 ans. Une majoration de taux est accordée aux logements qui respectent certains critères de performance énergétique et environnementale. Ainsi, les taux de défiscalisation passent à 23 % pour 6 ans d'engagement de location, 29 % pour 9 ans et 32 % pour 12 ans.

Par exemple, un investissement de 200 000 € permettra d'économiser jusqu'à 50 000 € sur 12 ans, soit 6 667 € par an pendant 6 ans puis 2 000 € par an pendant 3 ans et 1 333 € par an pendant 3 ans supplémentaires. Avec les taux majorés, la réduction d'impôt se porte à 64 000 € sur 12 ans. En contrepartie l'investisseur s'engage à conserver le bien pendant 6, 9 ou 12 ans, à le louer durant cette période au titre de résidence principale et à respecter des plafonds de loyer et de ressources de locataires. Ces plafonds seront plus ou moins contraignants selon la zone d'investissement choisie.

L'avantage fiscal perçu au titre de la loi Pinel Outre-Mer doit être intégré dans le calcul du plafonnement global des niches fiscales avec un plafond spécifique à l'Outre-Mer de 18 000 € par an par foyer.

- le dispositif Girardin IS

Le dispositif Girardin IS est accordé aux sociétés soumises à l'IS (impôt sur les sociétés). Il permet de déduire du résultat imposable d'une société le montant investi lors de l'acquisition d'un bien immobilier neuf. Ce dispositif est soumis à un plafonnement sur le prix au m² de surface habitable du bien acquis et celui-ci doit être mis en location pour une période minimale de 5 ans. L'excédent du déficit ainsi créé est reportable sur les exercices suivants et le bien peut être amorti dans les condition normale d'acquisition d'une immobilisation corporelle (25 ans).

- L'investissement dans un Girardin Industriel

Ce mécanisme de défiscalisation permet à un investisseur, de bénéficier de réductions d'impôts importantes, pouvant aller jusqu'à annuler totalement l'impôt sur le revenu du.

Le plafond de réduction annuel maximum peut atteindre jusqu'à environ 50 000 €.

Le Girardin industriel donne droit à des avantages fiscaux conséquents pour des investissements dans du matériel productif loué à des professionnels pour une durée minimum de 5 ans.

La loi Girardin accorde une réduction d'impôt sur le revenu aux contribuables français réalisant un investissement productif en outre-mer dans le cadre d'une entreprise exerçant une activité agricole, industrielle, commerciale ou artisanale éligible à ce dispositif fiscal.

Voici des exemples de matériel productif :

- canaux d'irrigation
- chauffe-eau solaire
- camions

Cette loi a été mise en place pour aider les entreprises des Dom-Tom à financer du matériel afin de compenser les surcoûts liés aux transports et à l'éloignement géographique.

Dans le cadre de ce dispositif, il faut réaliser un apport dans une ou plusieurs sociétés pour bénéficier de l'avantage de la mutualisation et ainsi ne pas mettre tous les œufs dans le même panier.

Chaque société, grâce à l'apport et à un crédit bancaire, va acheter du matériel qu'elle va donner en location à un exploitant situé dans un territoire outre-mer éligible.

La réduction d'impôt va être calculée sur le montant total de l'investissement.

Le taux de réduction appliqué varie en fonction de certains paramètres comme :

- le lieu d'investissement
- la nature de l'investissement
- le taux de rétrocession au locataire

Ce taux, cumulé à une base plus large que le simple apport (apport + crédit de la société) va permettre d'obtenir une réduction d'impôt supérieure à l'investissement.

En contrepartie, l'investisseur (vous), ou la société dans laquelle est réalisé l'investissement, s'engage à conserver le bien et à le maintenir en exploitation pendant au moins 5 ans.

De même, les parts de la société dans laquelle ont été réalisés l'investissement doivent être conservées pendant une durée de 5 ans.

Au terme des 5 années de détention, les sociétés feront l'objet d'une liquidation, et le matériel sera vendu au locataire généralement pour 1 € symbolique.

Les sommes investies en Girardin Industriel ne donnent lieu à aucun versement quelconque de revenus ou de dividendes. Elles sont à fonds perdus.

Dès lors, l'unique bénéfice de l'opération sera la réduction d'impôts obtenue, imputable intégralement sur l'impôt dû au titre des revenus de l'année de souscription.

Le Girardin Industriel est une solution one-shot car, contrairement aux autres dispositifs de défiscalisation, qui accordent une réduction d'impôt étalée dans le temps, le Girardin permet de profiter de cette réduction dès l'année suivante.

L'opération d'investissement peut être renouvelée tous les ans en choisissant le montant de réduction d'impôt souhaitée. Elle peut donc être réalisée au cas par cas en fonction des besoins pour gommer par exemple des revenus exceptionnels, une prime ou autre.

Si la réduction d'impôt obtenue est supérieure au montant de l'impôt, l'excédent peut être reporté l'année suivante.

Le Girardin industriel est simple pour l'investisseur et extrêmement rentable (certaines opérations permettant un gain allant jusqu'à 30% en 1 an) mais il n'est pas sans risque.

Le risque n°1 de ce dispositif est la remise en cause de la réduction d'impôt si les conditions d'octroi ne sont pas respectées sur les 5 ans. Le risque n°2 est la faillite dans les 5 ans de l'entreprise porteuse du projet.

Exemple pratique :

Imaginons un couple avec un enfant qui verse un impôt sur le revenu de 40 000 €.

Notre couple réalise un investissement en Girardin industriel pour bénéficier d'une réduction d'impôt.

Ce couple bénéficie déjà d'un crédit d'impôt de 5 000 € car il rétribue une nourrice pour la garde de leur enfant. On déduit donc 5 000 € des 40 000€

déclarés et il leur reste à payer 35 000€.

Pour rappel, l'investissement en Girardin est soumis à un plafond global des niches fiscales, celui-ci est fixé à 18 000€.

Il reste donc un plafond disponible pour les niches fiscales à 13 000€ pour notre couple (18 000 - 5 000).

Le rendement du Girardin industriel avec agrément est de 15% environ. Donc pour effacer son solde d'impôt, le couple devra investir (35 000*100/115) soit 30 434 €.

Comme il s'agit ici d'un investissement avec agrément, le montant investi entre dans le plafond global des niches à hauteur de 34% (30 434*34/100) soit 10 347€.

C'est inférieur à leur plafond de 13 000 €.

A présent, voyons comment cela se passe pour un investissement Girardin sans agrément.

S'il s'agit d'un Girardin industriel sans agrément, le montant investi entre dans le plafond global des niches fiscales à hauteur de 44 % (30.434*44 /100) soit 13 390€.

Le couple dépasse ici son plafond global de niches fiscales.

- La création de logements sociaux avec la loi Girardin Social

Les DROM-TOM connaissent une forte carence en logements sociaux. Plus de 65% de la population y sont éligibles, et plus de 100 000 demandes restent sans réponse. Une pénurie que le dispositif Girardin social vise à compenser.

Pour inciter à la construction de logements sociaux outre-mer, le gouvernement a imaginé un dispositif fiscal puissant. Le Girardin logement social accorde en effet une réduction d'impôt rapide et importante en l'échange d'un investissement dans des programmes sociaux. Mais il a un prix : un investissement à « fonds perdu » et des risques pesant sur le montage juridique et fiscal.

Le Girardin logement social s'adresse aux contribuables fortement taxés qui ne recherchent ni à percevoir des revenus locatifs, ni à encaisser une plus-value à la revente, mais uniquement à bénéficier d'une importante réduction d'impôt.

Les sommes investies sont définitivement perdues (on parle d'investissement à « fonds perdus »). En contrepartie, l'investisseur profite d'une réduction d'impôt représentant jusqu'à 120% de l'apport et pouvant atteindre jusqu'à 60 000 euros par an.

En pratique, l'investissement est confié à un opérateur spécialisé qui constitue une société de portage pour louer le bien à un bailleur social ou à une société mixte exerçant une activité immobilière outre-mer.

La mise en location du bien doit intervenir dans les 12 mois suivant l'acquisition du logement ou la fin de sa construction.

Le bailleur doit sous-louer le logement à des personnes dont les ressources ne dépassent pas certains plafonds. Le niveau des loyers est lui aussi encadré.

Au terme des 5 ans de location, l'organisme social récupère le bien à son compte.

Le Girardin logement social procure une économie d'impôt proportionnelle à l'apport pour une rentabilité pouvant atteindre jusqu'à 20%. Soit une économie d'impôt maximale de 12 000 euros pour un apport de 10 000 euros, par exemple.

Le plafond global des niches fiscales étant ici majoré à 18 000 euros par an (contre 10 000 euros habituellement) et la réduction d'impôt Girardin étant prise en compte pour seulement 30% des versements, le montant maximal retenu en Girardin logement social sur une année s'élève à 60 000 euros (0,3 x 60 000 = 18 000 euros).

Le Girardin social consiste en une opération de défiscalisation dite « one shot ». C'est-à-dire que la réduction s'applique une seule fois, l'année suivant l'investissement, soit en 2025, pour une opération réalisée en 2024, par exemple

Le placement dans un Fonds d'Investissement de Proximité (FIP) en outre-mer

Les Fonds d'Investissements de Proximité Outre-Mer ont pour vocation de favoriser le développement des départements et territoires d'outremer en octroyant aux investisseurs une réduction d'impôts d'un montant égal à 30% des versement nets de frais réalisés via ce type de fonds. L'actif des fonds doit être constitué pour 70% au moins de titres financiers, parts de SARL et avances en compte courant de sociétés qui exercent leur activité exclusivement dans des établissements situés en Outre-mer.

La réduction d'impôts des FIP Outre Mer est de 30%. La réduction d'impôts peut être pratiquée dans la limite annuelle de souscription de 12.000 euros pour un célibataire et de 24.000 euros pour un couple, soit une économie d'impôt maximale de 3 600 euros pour une personne seule et de 7 200 euros pour un couple.

La réduction d'impôts est prise en compte pour le plafonnement global des niches fiscales à 10 000€.

Pour bénéficier de la réduction d'impôts, l'investisseur s'engage à respecter une durée de blocage de 6 à 10 ans(selon le FIP souscrit). Lors de la liquidation d'un FIP, les éventuelles plus-values peuvent être exonérées d'impôts sur le revenu *(hors prélèvement sociaux)*.

Le plafonnement des réductions d'impôt « outre-mer »

Pour l'imposition 2025 des revenus de 2024, si vous avez aussi réalisé des investissements en outre-mer, le total de vos avantages fiscaux ne peut pas procurer une diminution du montant de l'impôt dû supérieure à 18 000 €.

Les investissements forestiers

Les avantages fiscaux des groupements fonciers forestiers (GFF) permettent une réduction de 25 % jusqu'au 31 décembre 2027.

Le Groupement Forestier se présente sous la forme d'une Société Civile dite transparente fiscalement, c'est à dire que ses revenus ne sont pas imposés au niveau du Groupement Forestier, mais au niveau des "Associés" du Groupement.

Le GFF est géré selon des statuts spécifiques, dans lesquels les opérations objets du groupement, ainsi que les règles entre les associés, sont clairement énoncées.

Les souscripteurs et associés du Groupement Forestier confient la gestion des actifs, la partie administrative, et l'aspect financier à un ou plusieurs Gérants du GFF, évitant ainsi la règle des décisions à l'unanimité et rendant la gestion plus souple que dans les cas d'indivision. Généralement, le gérant d'un Groupement Foncier Forestier prend la forme d'une société de gestion. C'est elle qui s'acquitte des charges d'exploitation liées au GFF. Elle s'occupe notamment des travaux d'entretien, prévoit les nouvelles plantations et s'acquitte des taxes foncières et des cotisations aux assurances.

Les associés sont imposés en fonction des revenus réalisés par les Groupements Forestiers et en fonction de leur quote part dans le GFF. Les revenus s'entendent "nets de charges" afférentes au GFF.

Le déclenchement de l'impôt n'est pas "la distribution" des revenus par le Groupement Forestier à l'associé, mais bien "la perception" par le GFF de ces revenus, qu'ils soient versés ou non.

Le rendement d'un Groupement Forestier provient de la pousse et de l'exploitation des forêts diminuée des frais du Groupement Forestier.

Sur de Longues périodes, le rendement net tourne en moyenne autour de 1,5 à 2 %. Il ne faut donc pas s'attendre à déclarer des revenus exorbitants dans ce type de placement.

Pour les parts de Groupements Forestiers éligibles au Madelin PME (art 199 terdecies-0 A du CGI) qui renvoie désormais aux critères d'éligibilité de la loi TEPA (art. 885-0-V-bis) éligibles jusqu'au 31 décembre 2025, l'épargnant bénéficie d'une réduction d'impôt sur le revenu égale à 25% du montant investi dans la limite d'un investissement de 50 000 € pour une personne seule et 100 000 € pour un couple.

En contrepartie de cet avantage fiscal, l'épargnant s'engage à conserver ses parts de groupement forestier jusqu'au 31 décembre de la 5ème année suivant celle de la souscription. Cette réduction est soumise au plafonnement global des niches fiscales de 10 000 € par an.

Pour les parts de Groupements Forestiers éligibles à la Loi DEFI-FORÊT qui encourage fiscalement à investir dans les bois et forêts et à lutter contre l'effet de serre, la Loi N° 2001-602 du 9 juillet 2001 d'orientation sur la Forêt, prolongée jusqu'au 31 décembre 2025, permet à l'épargnant qui acquiert des parts de Groupement Forestier de bénéficier d'une réduction d'impôt sur le revenu de 25% du montant investi, dans la limite d'un investissement de 6 250 € pour une personne seule et de 12 500 € pour un couple.

En contrepartie, l'épargnant s'engage à conserver les parts jusqu'au 31 décembre de la 8ème année suivant la date de la souscription. Cet avantage fiscal est soumis au plafonnement global des niches fiscales de 10 000 €.

Le recours au déficit foncier

Un contribuable peut acquérir un bien immobilier dans lequel il est nécessaire de réaliser d'importants travaux d'entretien ou de réparation.

Le propriétaire qui met en location nue le bien immobilier ainsi acquis peut déduire du montant des revenus fonciers perçus les dépenses de travaux (ainsi que la taxe foncière, les primes d'assurance, ou encore les intérêts d'emprunt). Lorsque le montant des charges est supérieur aux revenus fonciers perçus, un déficit foncier est alors constaté.

D'un point de vue fiscal, le déficit foncier peut être imputé sur les autres revenus fonciers de l'année (par exemple si le contribuable détient des parts de SCPI).

En cas de constatation d'un déficit foncier net, il peut s'imputer sur le revenu global, dans la limite de 10.700 euros par an. Cela suppose que la location nue soit maintenue jusqu'au 31 décembre de la troisième année suivant l'imputation du déficit foncier sur le revenu global.

Au-delà de ce seuil de 10.700 euros, le déficit foncier peut s'imputer sur les revenus fonciers des dix années suivantes.

Le plafond d'imputation sur le revenu global est porté à 21 400 € pour les propriétaires dont les logements sont considérés comme des passoires thermiques et qui font réaliser des travaux de rénovation énergétique entre 2023 et 2025.

Cette stratégie est intéressante pour réduire l'imposition des revenus fonciers (imposés au barème progressif et aux prélèvements sociaux de 17,2%), et au-delà, pour réduire le montant des autres revenus soumis au barème progressif (salaire, BIC, BNC, etc.).

C'est d'autant plus avantageux que le déficit foncier permet d'abaisser la tranche d'imposition applicable au foyer fiscal, et d'échapper à l'impôt sur le revenu et aux prélèvements sociaux.

Cerise sur le gâteau : le déficit foncier n'est pas inclus dans le plafonnement global des niches fiscales de 10.000 euros par an.

Quoi qu'il en soit, il convient de faire attention, sachant que toutes les dépenses de travaux ne sont pas déductibles. L'administration fiscale scrute de près les dépenses déduites, et n'hésite pas à notifier des redressements fiscaux en cas de déduction d'une dépense non éligible.

Investissements immobiliers en location meublée

- le loueur non professionnel (LMNP), cas général :

La location ou la sous-location d'un logement meublé constitue une activité commerciale. Les loyers sont donc imposés dans la catégorie des bénéfices industriels et commerciaux et non dans celle des revenus fonciers y compris lorsque la location est occasionnelle.

Selon le montant des recettes annuelles, soit le régime d'imposition micro-BIC est applicable ou soit le régime réel d'imposition BIC. Le seuil d'application du régime micro est fixé à un chiffre d'affaires annuel de 77 700 € dans le cas général ou 188 700 € pour les locations de logements classés « meublés de tourisme »

Deux exonérations s'appliquent aux locations de faible montant : location d'une partie de sa résidence principale (par exemple à des étudiants) et la location de chambres d'hôtes de l'habitation principale (pour un montant annuel maximum de 760 € TTC par an).

Pour le régime micro-BIC, des changements sont à prévoir en 2025 pour les loueurs de meublés de tourisme.

Avec l'entrée en vigueur de la loi Le Meur au 1er janvier 2025, l'imposition des revenus 2024, qui aura lieu au printemps 2025, se fera sur la base des dispositions de l'article 50-0 du code général des impôts dans sa rédaction antérieure à la loi de finances 2024:

- 50% d'abattement et 77 700 € de plafond pour les meublés de tourisme non classés
- 71% d'abattement pour un plafond de

L'impact fiscal de la loi Le Meur ne s'appliquerait donc que pour les revenus perçus en 2025, qui seront donc imposés de la manière suivante lors de la déclaration des revenus 2026 :

Mise à jour suite au vote de la PPL1176 du 07/11/2024	Taux d'abattement du régime Micro BIC		Plafonds du régime Micro BIC	
	Revenus perçus en 2024, déclarés en 2025	Revenus perçus en 2025, déclarés en 2026	Revenus perçus en 2024, déclarés en 2025	Revenus perçus en 2025, déclarés en 2026
Meublés de tourisme **non classés**	50%	30%	77 700 €	15 000 €
Meublés de tourisme **classés**	71%	50%	188 700 €	77 700 €
Location de **chambres d'hôtes**	71%	50%	188 700 €	77 700 €
Locations meublées **longue durée**	50%	50%	77 700 €	77 700 €

Toutefois, quels que soient ces changements, les loueurs de courte durée qui relèvent du régime micro-BIC pourraient avoir tout intérêt à opter pour le régime réel d'imposition qui permet dans la plupart des cas, d'optimiser bien plus efficacement sa fiscalité.

Par ailleurs, s'agissant de l'amortissement, il s'agit d'un mécanisme de déduction fiscale dont peuvent bénéficier les loueurs en meublé non professionnels en leur permettant de déduire chaque année une partie de la valeur de leur logement (hors part terrain), des travaux entrepris, ou encore du mobilier, de leur imposition. Cela permet aux LMNP de bénéficier d'une fiscalité plus avantageuse au régime réel d'imposition. Jusqu'à présent, les amortissements déduits n'étaient pas pris en compte dans le calcul de la plus-value (la différence entre le prix de vente et le prix d'achat du bien). Le contenu de la loi de finances prévoit donc de réintégrer leur montant dans le calcul de la plus-value en cas de vente du bien.

Cela voudrait donc dire plus d'imposition à la revente puisque la différence entre le prix d'achat augmenté des amortissements et le prix de vente pourrait être plus importante et se voir soumise, comme le veulent les règles d'imposition de la plus-value des particuliers, à un impôt sur la plus-value (19%), ainsi qu'aux prélèvement sociaux (17,2%), serait donc plus élevé.

Par principe, si le montant des amortissements déduits fiscalement pendant la durée de l'activité de LMNP est ajouté à celui de la plus-value, la conséquence sera une imposition plus importante pour le loueur au moment de vendre le bien. Toutefois, cette hausse de l'imposition ne sera pas automatique, et de nombreux loueurs pourraient ne jamais ressentir les effets de cette mesure.

D'une part, grâce au système des abattements légaux, qui viennent diminuer le montant de la plus-value imposable au fil des années, et permettent ainsi aux LMNP d'être totalement exonérés de l'impôt sur la plus-value au bout de 22 ans de détention du bien, et de prélèvements sociaux au bout de 30 ans. Or, de nombreux loueurs conservent le bien pendant une durée importante, ce qui implique que l'impact de cette réforme diminuerait au fil du temps.

D'autre part, parce que dans la grande majorité des cas, un bien LMNP n'est pas vendu et finit par retourner après quelques années dans le patrimoine privé de son propriétaire, avant d'être transmis par donation ou succession. Or, le système de la plus-value ne s'applique que dans les cas de cession à titre onéreuse, soit la vente, ce qui fait que tout bien transmis par donation ou succession ne sera pas concerné par cette mesure.

De plus, il convient de prendre en compte la temporalité dans les éventuelles conséquences de cette mesure. En effet, l'amortissement constitue un avantage fiscal direct, dont le loueur peut profiter pendant son activité de LMNP au régime réel, avec ce montant le propriétaire peut faire des placements, acheter un nouveau bien, etc. À l'inverse, la question de la plus-value ne se posera qu'en cas de vente. Dans une logique d'investissement, il vaut donc mieux savoir profiter d'un avantage existant, alors que le revers de la médaille reste, pour l'heure, hypothétique et soumis à plusieurs conditions.

Concernant le régime réel d'imposition il est applicable sur option pour les loueurs sous le régime du micro-BIC et de plein droit en cas de dépassement des limites de loyers annuels perçus évoquées ci-dessus

Ce régime permet de déduire toutes les charges réelles mais également l'amortissement du bien immobilier loué et ses meubles. En pratique, le cumul des charges et des amortissements permet souvent d'effacer totalement les loyers imposables pour de nombreuses années.

Exemple :

Un loueur en meublé a inscrit à l'actif un immeuble 300.000 euros. Celui-ci peut être amorti sur 30 ans. Chaque année, pourra être déduit 300 000/30 = 10.000 euros d'amortissement.

L'amortissement permet d'échapper à l'impôt sur le revenu et aux prélèvements sociaux.

- cas des meublés de tourisme

La loi de finances 2024 a introduit des changements concernant le régime micro-BIC pour les loueurs saisonniers, réduisant à la fois le taux d'abattement, ainsi que le plafond maximum du régime pour ce type particulier d'activité. Décryptons ensemble les différents cas de figure.

Pour les meublés de tourisme non classés, Avant la loi de finances 2024, le taux d'abattement pour ce type d'activité était de 50%, et le seuil du régime LMNP, qui désigne le montant de revenus à ne pas dépasser pour pouvoir bénéficier de ce régime, était de 77 700 €.

Aujourd'hui, le taux d'abattement est de 30%, et le seuil a été ramené à 15 000 €. Au-delà, le passage au régime réel sera obligatoire.

Exemples :

Situation 1 : Monsieur A. loue un meublé de tourisme non classé qui génère 12 000 € de recettes annuelles, ainsi qu'un autre bien meublé, sur de la longue durée, qui lui rapporte 20 000 € de recettes annuelles.

Monsieur A. ne dépasse donc pas le seuil de 15 000 € de recettes pour sa location saisonnière, et ne dépasse pas non plus le seuil de 77 700 € pour sa location de longue durée.

Monsieur A. peut donc relever du régime micro-BIC, avec un taux d'abattement de 30% pour ses recettes de courte durée, et de 50% pour ses recettes de longue durée.

Situation 2 : Madame B. loue un meublé de tourisme non classé qui génère 22 000 € de recettes annuelles.

Dans cette situation, Madame B. dépasse le plafond du régime micro-BIC pour la location de courte durée, et doit donc obligatoirement relever du régime réel.

Pour les meublés de tourisme classés, auparavant, le régime micro était très avantageux, avec un taux d'abattement de 71%, et un plafond de recettes de 188 700 €.

À l'heure actuelle, les chiffres sont équivalents à ceux de la location de meublés de tourisme non classés, soit 30% d'abattement et un plafond fixé à 15 000 €.

Si le classement d'un meublé de tourisme peut donc paraître obsolète aujourd'hui, il est nécessaire de garder plusieurs points à l'esprit :

- Par principe, le classement permet l'exonération du paiement de la CFE dans la plupart des communes ;
- La loi de finances permet un abattement supplémentaire de 21% (soit 51% au total) pour les meublés de tourisme classés si, en plus du classement, ces derniers ne sont pas situés en zone tendue, et que le chiffre d'affaires pour toute l'activité de location meublée est inférieur à 15 000 €.
- D'autres changements relatifs au traitement des meublés de tourisme classés pourraient être apportés par la proposition de loi n°1176, notamment une éventuelle augmentation du plafond du régime micro-BIC.

Exemples :

Situation 3 : Madame C. loue un meublé de tourisme classé qui génère 9 000 € de recettes. Son bien ne se trouve pas en zone tendue. Elle ne dispose pas d'autres biens mis en location meublée.

Madame C. ne dépasse pas le seuil de 15 000 € de recettes pour sa location saisonnière, elle peut donc relever du régime micro-BIC.

De plus, son bien est classé, ne se trouve pas en zone tendue, et ses recettes globales de l'activité de location meublée ne dépassent pas 15 000 €, Madame C. a donc droit à un abattement de 21% supplémentaires par rapport aux 30% initialement prévus, ce qui porte l'abattement à 51%.

Situation 4 : Monsieur D. loue un meublé de tourisme classé qui génère 11 000 € de recettes, ainsi qu'un autre bien meublé, sur de la longue durée, qui lui rapporte 10 000 € de recettes annuelles. Le meublé de tourisme classé de Monsieur D. n'est pas situé en zone tendue.

Monsieur D. ne dépasse donc pas le seuil de 15 000 € de recettes pour sa location saisonnière, et ne dépasse pas non plus le seuil de 77 700 € pour sa location de longue durée.

De plus, son bien est classé et ne se trouve pas en zone tendue. Mais, cette fois-ci, ses recettes globales de l'activité de location meublée dépassent 15 000 €. Monsieur D. pourra donc bien relever du régime micro-BIC, avec un taux d'abattement de 30% pour ses recettes de courte durée, et de 50% pour ses recettes de longue durée.

Nullement ciblé par les changements opérés par la loi de finances, le régime micro-BIC en location de longue durée n'a connu aucune modification. Le plafond de ce régime est toujours de 77 700 €, et l'abattement reste de 50%.

- le loueur en meublé professionnel (LMP)

Pour être loueur en meublé professionnel les recettes annuelles des locations meublées doivent excéder 23 000 € et être supérieures aux revenus professionnels du foyer fiscal.

Dans ce cas le loueur pourra opter pour le régime du micro-entrepreneur mais il présente peu d'intérêt par rapport au régime réel d'imposition qui permet de déduire toutes les charges réelles et les amortissements.

Le loueur en meublé professionnel est soumis à l'impôt sur le revenu (IR) dans la catégorie des bénéfices industriels et commerciaux dès lors qu'il exerce son activité en entreprise individuelle. S'il exerce son activité par le biais d'une SCI, il est soumis à l'impôt sur les sociétés

Le loueur en meublé professionnel entrepreneur individuel, est soumis au régime de la micro-entreprise ou à un régime réel d'imposition selon son chiffre d'affaires (CA).

De nouveaux seuils de chiffres d'affaires (CA) sont mis en place pour la location de meublés de tourisme.

pour les revenus 2024 déclarés en 2025 :

Le loueur en meublé professionnel qui met en location des **meublés de tourisme classés** est soumis au régime de la micro-entreprise si son CA ne dépasse pas 188 700 €.

Le loueur en meublé professionnel qui met en location des **meublés de tourisme non classés** est soumis au régime de la micro-entreprise si son CA ne dépasse pas 77 700 €.

pour les revenus de l'année 2025, déclarés en 2026

Le loueur en meublé professionnel qui met en location des **meublés de tourisme classés** est soumis au régime de la micro-entreprise si son CA ne dépasse pas 77 700 €.

Le loueur en meublé professionnel qui met en location des **meublés de tourisme non classés** est soumis au régime de la micro-entreprise si son CA ne dépasse pas 15 000 €. Si cela constitue sa seule activité de location, alors il ne pourra plus bénéficier du régime de la micro-entreprise, le seuil de CA global pour être un loueur en meublé professionnel (23 000 €) étant supérieur au seuil de la micro-entreprise (15 000 €).

Comme il s'agit d'une activité professionnelle soumise au régime réel d'imposition (sauf pour la micro-entreprise), les charges suivantes peuvent être déduites du résultat fiscal (c'est-à-dire du loyer perçu) :

- Frais d'établissement (frais de notaire, de constitution de société notamment)
- Frais d'entretien et de réparation
- Impôts locaux
- Frais de gestion et d'assurances
- Intérêts d'emprunt
- Amortissement du mobilier et des améliorations (sur une durée allant de 5 à 10 ans, pour un taux compris entre 10 % et 20 % par an)

Par ailleurs, le professionnel peut pratiquer l'amortissement des locaux. Le prix d'achat immobilier ne constitue pas une charge déductible, mais peut être amorti en fonction la durée réelle de détention. Si celle-ci est estimée à 50 ans, 2 % du prix du bien peut être déduit pendant cette période chaque année.

En ce qui concerne les plus-values de cession des règles d'exonération peuvent être appliquées.

Le type d'exonération change en fonction du montant des recettes :

- L'exonération est **totale** lorsque les recettes de location sont inférieures à 90 000 € hors taxes (HT) au cours des 2 années civiles précédant la cession. Il faut aussi que l'activité de location en

meublés ait commencé depuis au moins 5 ans.
- L'exonération est **partielle** dans le cas où ces recettes sont comprises entre 90 000 € et 126 000 € HT.

L'activité comprend parfois des prestations similaires à celles des hôtels : petit-déjeuner, nettoyage régulier des locaux, fourniture de linge de maison, réception de la clientèle. Ainsi, lorsque au moins 3 de ces prestations sont proposées, le régime fiscal dapplicable est celui e la para-hôtellerie, et non de celui de la location meublée.E Dans ce cas, les seuils sont les suivants :

- L'exonération est **totale** lorsque les recettes de location sont inférieures à 250 000 € hors taxes (HT) au cours des 2 années civiles précédent la cession. Il faut aussi que l'activité de location en meublés ait commencé depuis au moins 5 ans.
- L'exonération est **partielle** dans le cas où ces recettes sont comprises entre 250 000 € et 350 000 €HT.
- inférieures à 90 000 € hors taxes (HT) au cours des 2 années civiles précédant la cession. Il faut aussi que l'activité de location en meublés ait commencé depuis au moins 5 ans.
- L'exonération est **partielle** dans le cas où ces recettes sont comprises entre 90 000 € et 126 000 € HT.

Les locaux loués meublés sont soumis aux impôts locaux suivants : taxe foncière, cotisation foncière des entreprises, cotisation sur la valeur ajoutée des entreprises.

- Faut-il se tourner vers la SCI (pour louer en meublé) ?

Certains loueurs peuvent être tentés de pratiquer leur activité de location meublée à travers une SCI (société civile immobilière). Si cela peut être avantageux dans certaines situations fiscales, ce n'est pas le cas pour la plupart des loueurs en meublé, et ce pour 4 raisons :

- Taxation défavorable pour les SCI :

En premier lieu parce qu'exercer son activité par le biais d'une SCI entraîne un assujettissement à l'impôt sur les sociétés (IS), qui peut être plus élevé qu'en LMNP. En effet, exercer une activité de location meublée en SCI impose, en plus du paiement de l'impôt sur les sociétés, la taxation des dividendes lorsque le loueur souhaite récupérer de l'argent de la SCI.

- Récupération de trésorerie simplifiée en LMNP comparé à la SCI

Toujours en matière de trésorerie, le statut LMNP (en entreprise individuelle) permet donc de récupérer de la trésorerie sans double taxation (IS + impôts sur dividende) et cela même en l'absence de bénéfice.

Ce qui n'est pas possible en SCI, qui impose de réaliser des bénéfices pour pouvoir récupérer des dividendes. Or, en SCI, le jeu des amortissements a tendance à entrainer un résultat comptable déficitaire, et donc une impossibilité de récupérer des dividendes, et ce même si la trésorerie de la SCI est positive. Alors qu'en LMNP, même si le résultat fiscal est déficitaire, le loueur touche tout de même l'argent provenant de ses loyers directement sur son compte bancaire et peut donc y avoir recours.

- Absence d'abattement sur la plus-value en SCI

Le statut de SCI ne permet pas de bénéficier du mécanisme des abattements sur la plus-value pour durée de détention, comme c'est le cas pour les LMNP. De plus le retrait d'actif (arrêt de l'activité LMNP sans vente) est facile et non taxable en LMNP.

- Complexité juridique et coûts élevés en SCI :

Enfin, parce que le coût et la complexité juridique qui accompagnent la gestion d'une SCI sont plus importants étant soumise aux contraintes du droits des sociétés. En effet, les frais de gestion d'une SCI sont plus élevés (notamment pour la comptabilité), et la rédaction des statuts et autres documents juridiques est plus fastidieuse et onéreuse. Le statut LMNP est clairement plus simple à gérer.

La SCI présente également d'autres inconvénients par rapport à une activité de LMNP :

- Elle nécessite l'association de 2 exploitants pour sa constitution ;
- L'usage personnel du bien est beaucoup plus délicat en SCI, notamment pour les résidences secondaires utilisées à titre personnel une partie de l'année
- Elle n'ouvre pas la possibilité de choisir le régime micro-BIC, qui peut être intéressant dans certains cas spécifiques.
- L'amortissement reportable n'existe pas en SCI, ce qui a une conséquence lors du calcul de la plus-value au moment de la vente du bien, rendant l'imposition de la plus-value souvent plus élevée pour les SCI.

Réduction d'impôt pour la souscription au capital des PME (dite « Madelin »)

Définition

Les souscriptions au capital initial ou aux augmentations de capital des PME ouvrent droit à une réduction d'impôt égale de 18 % (pour les versements réalisés en 2024) ou à 25% (versements réalisés à compter du 28 juin 2024 au capital d'une société foncière solidaire) des sommes investies dans la limite annuelle de 50 000 € (100 000 € pour un couple). Un engagement de conservation des titres durant au moins 5 ans est requis.

L'investissement peut être réalisé directement dans des sociétés opérationnelles ou indirectement en passant par une holding (société dont l'activité principale est de détenir des participations).

Si dans le premier cas, l'assiette de l'avantage fiscal est égale au montant des souscriptions, dans le second cas, celle-ci est calculée à proportion des sommes investies par la holding dans des sociétés éligibles.

Exemple :

Un contribuable investit 30 000 euros au capital initial d'une holding qui s'élève à 300 000 euros. A l'aide des capitaux reçus, la société souscrit pour 200 000 euros dans des PME opérationnelles. L'assiette de la réduction d'impôt sera de 30 000 x 200 000/300 000 soit 20 000 euros.

Conditions des sociétés

Les sociétés dans lesquelles le contribuable investit doivent remplir les conditions suivantes :

- Être soumises à l'IS,
- Employer moins de 50 salariés et avoir un chiffre d'affaires ou un total au bilan inférieur à 10 millions d'euros,
- Exercer leur activité sur un marché depuis moins de 7 ans,
- Comporter au moins un (si elles sont inscrites au répertoire des métiers) ou deux (si elles sont inscrites au registre du commerce et des sociétés) salarié à la clôture du premier exercice suivant celui de la souscription,
- Exercer une activité industrielle, commerciale, artisanale, agricole ou libérale à l'exception des activités financières ou immobilières,

- Ne pas être en difficulté,
- Ne pas avoir procédé à des remboursements d'apports antérieurs dans les 12 mois précédents la souscription,
- Ne pas offrir à ses associés ou actionnaires des garanties en capital

Plafond du contribuable

Le contribuable peut investir chaque année au maximum :

- 50 000 euros pour un célibataire
- 100 000 euros pour un couple

Soit une réduction d'impôt annuelle plafonnée respectivement à 12 500 et 25 000 euros. La fraction des versements qui excède ces plafonds est reportable les 4 années suivantes. Les titres reçus en contrepartie de la souscription doivent être conservés durant 5 ans.

L'apport-cession des titres : si vous pensez vendre votre société dans un avenir plus ou moins proche, l'apport des titres à une société (holding) avant cette cession peut s'avérer pertinent. L'avantage de cette opération est le report de l'impôt sur la plus-value. L'opération vous permet de réinvestir dans de nouveaux actifs en exonération d'impôt.

Le Pacte Dutreuil pour une transmission à titre gratuit de société : si vous envisagez de donner tout ou partie de votre entreprise à un membre de la famille ou même à un tiers (associé), le Pacte Dutreil s'avère très intéressant. En effet, vous bénéficiez d'une exonération de droits de donation ou de succession à hauteur de 75 % de la valeur des actifs. Et si vous le couplez à un démembrement de propriété, l'exonération peut atteindre 100 % dans certains cas !

Investissements dans le capital de certaines sociétés

Société de financement d'oeuvres cinématographiques ou audiovisuelles (SOFICA)

Via un placement en 2024 dans une Sofica, un contribuable peut bénéficier d'une forte réduction d'impôt sur le revenu. Cet investissement dans la production de films et de programmes TV vaut surtout pour la défiscalisation et le plaisir de financer le cinéma qu'il procure et non pour son rendement potentiel, négatif hors avantage fiscal.

En échange de la prise de risque consentie, le souscripteur obtient une réduction d'impôt égale à 30% des montants investis, majorée à 36% ou 48% sous certaines conditions. En pratique, toutes les Sofica ouvertes à la souscription en 2020 bénéficient d'un taux de défiscalisation de 48%

Votre investissement est limité à 25 % de votre revenu net global, avec un maximum de 18 000 € par an.

- Si la Sofica s'engage à réaliser au moins 10 % de ses investissements avant le 31 décembre de l'année suivant la souscription, le taux est majoré à 36 %
- Si la Sofica s'engage à consacrer 10 % de ses investissements à financer des œuvres de fiction, de documentaires et d'animation sous forme de série (ou à acheter les droits portant exclusivement sur les recettes d'exploitation des œuvres cinématographiques ou audiovisuelles à l'étranger), le taux est de 48 %.

Ces investissements et dépenses doivent être réalisés dans un délai d'un an à compter de la création de la société.

L'investissement en Sofica est borné. La loi prévoit une double limite de 18.000 euros et à 25% du revenu net global. L'avantage fiscal se monte au maximum 8.640 euros pour un foyer fiscal dont le revenu net global est moins égal à 72.000 euros (18.000/0,25).

Exemple d'investissement en Sofica :

Un contribuable a souscrit en 2024 18 parts de la Sofica Cinémage à 1000 euros chacune, soit un montant total de 18.000 euros, somme égale au plafond d'investissement. Dans ce cas, il bénéficiera d'une réduction d'impôt de 48% soit un avantage fiscal de 8.640 euros (48% de 18.000 euros).

La réduction maximale est donc de 8 640 € (48 % x 18 000 €).

Outre la réduction d'impôt obtenue, une des plus puissantes du marché, le souscripteur de parts de Sofica bénéficie d'un autre atout : cet investissement n'est en effet pas inclus dans le plafonnement global des niches fiscales à 10.000 euros, qui régit notamment les dépenses liées à l'emploi d'un salarié à domicile, aux gardes d'enfant ou à un investissement locatif en Pinel. En cas de souscription de parts de Sofica, la limite pour le cumul des réductions d'impôt est portée à 18.000 euros par an (plafond commun à la défiscalisation Girardin outre-mer).

La souscription de fonds de placement

Les souscriptions de parts de fonds d'investissements de proximité (FIP) et de fonds communs de placement dans l'innovation (FCPI) donnent droit à une réduction d'impôt.

Les FIP sont des supports collectifs composés d'au moins 60 % de titre de PME régionales non cotées. L'investissement en FIP permet de bénéficier d'une réduction d'impôt égale à 18 % des capitaux investis en 2024 dans la limite de versements de 12 000 € (personne seule) ou de 24 000 € (couple imposé en commun).

Le taux de réduction est porté à 30 % pour les souscriptions de parts FIP Corse et de FIP Outremer.

Les FCPI permettent d'investir dans les PME et PMI. Ces fonds sont composés d'au moins 60 % de titres de PME et PMI innovantes, dont au moins 40 % d'entreprises non cotées. Les 40 % restants peuvent être librement investis au choix du gestionnaire du fonds en actions, obligations, Sicav, FCP, titres monétaires…

La réduction d'impôt est identique à celle des FIP.

Les parts de FIP et FCPI doivent être détenues 5 ans pour bénéficier de l'avantage fiscal. Au-delà, les éventuels gains lors de la cession sont exonérés d'impôt sur le revenu.

Il est possible d'investir, la même année, dans un FIP et un FCPI. Ces investissements entrent dans le plafonnement des niches fiscales de 10 000 €.

Le plafonnement global des avantages fiscaux, comment ça marche ?

La plupart des avantages fiscaux dont il est possible de bénéficier chaque année, pour le calcul de l'impôt sur le revenu, sont plafonnés : c'est le mécanisme du plafonnement global des avantages fiscaux. Quels sont les dispositifs concernés ? Comment s'opère le calcul du plafonnement ?

Le mécanisme du plafonnement global des avantages fiscaux

Il consiste à plafonner, pour le calcul de l'impôt sur le revenu, le montant global de l'avantage en impôt procuré par certains avantages fiscaux. Ceux-ci peuvent prendre la forme de réductions ou de crédits d'impôt.

La plupart des dispositifs sont soumis à un plafonnement global de **10**

000 €. Certains bénéficient d'un plafond spécifique de **18 000 €**.

Le plafonnement global ne s'applique pas aux avantages fiscaux liés à la situation personnelle du contribuable ou à la poursuite d'un objectif d'intérêt général sans contrepartie.

Les avantages fiscaux soumis à la règle du plafonnement global

Sauf exceptions, tous les crédits et réductions d'impôt entrent dans le champ du plafonnement global, qu'ils soient accordés en contrepartie d'un investissement ou d'une prestation dont bénéficie le contribuable.

Le plafond de **10 000 €** s'applique à la majorité des crédits/réductions d'impôt. Ce plafond s'entend au titre d'une même année d'imposition et pour un même foyer fiscal. Sont notamment concernés :

- le crédit d'impôt frais de garde des jeunes enfants
- le crédit d'impôt emploi d'un salarié à domicile
- la réduction d'impôt investissement (Pinel)
- la réduction d'impôt IR-PME dite « Madelin »

Certains avantages fiscaux permettent de bénéficier d'un espace supplémentaire de déduction de 8 000 € par rapport au plafond de droit commun de 10 000 € soit un plafond de **18 000 €** :

- la réduction d'impôt accordée au titre de certains investissements réalisés en outre-mer dont Pinel outre-mer
- la réduction d'impôt accordée au titre des souscriptions au capital d'une société de financement d'oeuvres cinématographiques ou audiovisuelles (Sofica)

Des avantages fiscaux sont exclus du champ d'application du plafonnement global.

Il en est ainsi de ceux liés à la situation personnelle ou à la poursuite d'un objectif d'intérêt général tels que :

- la réduction d'impôt résultant des effets du quotient familial
- la réduction d'impôt pour frais de scolarité des enfants
- la réduction d'impôt pour les dépenses de dépendance
- le crédit d'impôt en faveur de l'aide aux personnes
- la réduction d'impôt au titre des dons faits par des particuliers
- la réduction d'impôt dite « Malraux »

Les dispositifs compris dans les modalités de détermination des revenus nets catégoriels sont de par leur nature hors du champ du plafonnement global. Par exemple :

- l'avantage en impôt procuré par les charges déductibles du revenu global (comme les pensions alimentaires ou les cotisations sociales des indépendants)
- les abattements et réductions calculés sur le revenu brut catégoriel (déduction pour frais professionnel, abattement de 10 % sur les traitements et salaires et les pensions de retraite, abattements pour les régimes micro - BIC, BNC, BA -)
- les exonérations de revenus catégoriels.

Comment est calculé le plafonnement global des avantages fiscaux ?

L'application du plafonnement est effectué par le Fisc sur la base des éléments transmis par les particuliers lors de la déclaration annuelle des revenus.

Deux montants d'impôts sont calculés, puis comparés :

1. L'impôt déterminé compte tenu de l'ensemble des éléments déclarés (notamment toutes les charges ouvrant droit à crédit et à réduction d'impôt), c'est-à-dire l'impôt théorique calculé sans plafonnement des avantages fiscaux.
2. L'impôt déterminé en écartant les charges ouvrant droit aux crédits et aux réductions d'impôt concernés par le plafonnement, c'est-à-dire l'impôt calculé sans tenir compte des avantages fiscaux.

Lorsque la différence entre ces deux montants d'impôt (avantages fiscaux à plafonner) excède la limite du plafonnement (montant du plafond), l'excédent est ajouté à la première imposition compte tenu de l'ensemble des éléments déclarés pour obtenir le montant de l'impôt réellement dû.

Si la différence n'excède pas le plafond, la première imposition calculée n'est pas modifiée.

Lorsqu'un contribuable bénéficie d'avantages fiscaux relevant du plafond de 10 000 € et d'autres relevant du plafond de 18 000 €, les plafonds de 10 000 € et de 18 000 € ne sont pas cumulables. Ils s'appliquent successivement :

- Le total des avantages fiscaux relevant du plafond de 10 000 € est comparé à ce montant. L'excédent éventuel est ajouté à l'impôt dû.
- Le total des avantages fiscaux retenus dans la limite du plafond de 10 000 € est ensuite ajouté au total des avantages fiscaux relevant du plafond de 18 000 €. La somme ainsi obtenue est comparée à ce second plafond de 18 000 €. L'excédent est en plus de l'impôt dû.

Exemple :

Paul et Aline, soumis à la tranche d'imposition à 30%, ayant un enfant au collège, bénéficient de divers avantages fiscaux.

- étape 1 du calcul

Il faut dans un premier temps faire l'inventaire des avantages fiscaux dont ils bénéficient :

- Réduction d'impôt pour frais de scolarité de 61 euros (montant pour un collégien)
- Investissement Pinel : réduction d'impôt de 5 000 euros
- Emploi à domicile : crédit d'impôt de 4 000 euros
- Souscription de parts de FIP Outre mer : réduction d'impôt de 2 000 euros
- Souscription de parts de Sofica : réduction d'impôt de 2 500 euros
- Don aux œuvres : réduction d'impôt de 500 euros
- Versements sur un PERP de 2 000 euros : déduction du revenu imposable (soit une économie d'impôt de 600 euros)

Total des avantages fiscaux : 14 661 euros

- étape 2 du calcul

Il faut faire le tri entre les avantages soumis au plafonnement et ceux qui ne le sont pas.

Les dispositifs fiscaux suivants ne sont pas dans le champ du plafonnement global :

- Réduction d'impôt pour frais de scolarité
- Don aux œuvres
- Versements sur un Perp

Total des avantages fiscaux non visés par le plafonnement = 1 161 euros

Les dispositifs suivants sont soumis au plafonnement global :

- Investissement Pinel

- Emploi à domicile
- Souscription de parts de FIP Outre mer

<u>Total des avantages fiscaux visés par le plafonnement global = 11 000 euros</u>

La réduction d'impôt suivante est soumise au plafonnement majoré à 18 000 euros : souscription de parts de Sofica

<u>Total des avantages fiscaux visés par le plafonnement à 18 000 euros = 2 500 euros</u>

- étape 3 du calcul

Lorsqu'on connait les réductions et crédits d'impôt effectivement soumis au plafonnement, on peut s'atteler à son application proprement dite. Le total des avantages fiscaux se trouvant dans le champ du plafonnement global atteignant 11 000 euros, le montant qui viendra effectivement en diminution de l'impôt est raboté à 10 000 euros.

On peut en conclure à ce stade que la souscription de parts de FIP Outre mer a été excessive : une partie de l'investissement a été effectuée sans l'avantage fiscal associé, le souscripteur aurait pu investir moitié moins en bénéficiant de la même réduction d'impôt in fine.

- étape 4 du calcul

2.500 euros tirés de la souscription de parts de Sofica sont dans le champ du plafond majoré du plafonnement, ouvrant droit à une défiscalisation complémentaire de 8 000 euros. Ce plafonnement n'est pas consommé en totalité et la réduction d'impôt de 2 500 euros peut s'appliquer pleinement.

A noter : l'enveloppe disponible de 5 500 euros ne peut être mise à contribution pour bénéficier de l'excédent de réduction d'impôt pour souscription de parts de FIP Outre-mer au-delà du plafonnement global. Le plafonnement complémentaire de 8 000 euros ne peut être utilisé que pour les avantages éligibles (Sofica par exemple).

- étape 5 du calcul

La dernière étape consiste à additionner les avantages fiscaux après application des deux plafonnements, soit un total de 12 000 euros (10 000 + 2 500 euros) dans notre exemple.

> ☺ *En pratique, le « plafonnement » des avantages fiscaux s'avère tout à fait théorique. Il est facile de le contourner en maximisant les réductions et crédits et en maximisant les charges déductibles des revenus comme il le sera démontré à la fin de ce livre*

CHAPITRE 7

La gestion de son patrimoine

Optimiser son IFI (impôt sur la fortune immobilière)

Comment fonctionne l'impôt sur la fortune immobilière (IFI) ?

Depuis le 1er janvier 2018, l'impôt de solidarité sur la fortune (ISF) a été supprimé et un nouvel impôt, l'impôt sur la fortune immobilière (IFI) a été créé. De quoi s'agit-il ? Comment cela fonctionne ?

Pour 2025, les tranches du barème, les abattements et les plafonnements de l'IFI restent inchangés en 2025. Les débats parlementaires sur la notion d'Impôt sur la Fortune Improductive ou l'élargissement de l'assiette de l'impôt à d'autres actifs n'ont à ce jour pas été concrétisés. Ainsi, l'impôt sur la fortune immobilière s'applique toujours aux foyers fiscaux dont le patrimoine immobilier non affecté à l'activité professionnelle est supérieur à 1 300 000 € au 1er janvier. Le taux d'imposition varie de 0,5 à 1,5 %, découpé en 6 tranches de patrimoine. Cette base taxable n'est pas indexée sur l'inflation. Entrent dans l'assiette fiscale de l'IFI les biens suivants : tous les immeubles bâtis ou non (appartements, garages, parkings, terrains, immeubles en cours de construction…), ainsi que les droits immobiliers, les

SCPI, OCPI, SCI, etc. La résidence principale est toujours soumise à l'IFI en 2025 mais bénéficie d'un abattement forfaitaire de 30 % sur sa valeur vénale.

Qui est concerné par l'impôt sur la fortune immobilière (IFI) ?

L'IFI concerne donc les personnes détenant un patrimoine immobilier net supérieur à 1,3 million d'euros.

Le foyer fiscal pris en compte pour l'IFI se compose :

- d'une personne vivant seule
- de personnes vivant en couple.

Les biens des enfants mineurs dont vous ou votre conjoint avez l'administration légale seront également pris en compte pour calculer le montant de votre IFI.

A noter : le foyer fiscal IFI peut être différent du foyer fiscal pour l'impôt sur le revenu. Les enfants majeurs qui ont un patrimoine supérieur à 1,3 million d'euros peuvent être rattachés au foyer fiscal de leurs parents pour la déclaration de revenus mais devront déclarer leur IFI de manière indépendante.

Quels sont les biens imposables à l'IFI ?

L'IFI se calcule en prenant en compte votre patrimoine net taxable au 1er janvier 2025. Le patrimoine net taxable est la somme des valeurs imposables de vos biens immobiliers, auquel on soustrait les dettes déductibles.

Les biens imposables sont notamment :

- maisons, appartements et leurs dépendances
- bâtiments classés monuments historiques

- immeubles en cours de construction au 1er janvier 2025
- immeubles non bâtis tels que terrains à bâtir, terrains agricoles, etc.
- immeubles ou fraction d'immeubles détenus indirectement via des titres et parts de sociétés
- biens et droits immobiliers qui ne remplissent pas les conditions pour être considérés comme des biens professionnels.

Certains biens sont exonérés, comme les biens professionnels, les bois et forêts, les biens ruraux loués par bail à long terme, etc.

À noter : la valeur de votre habitation principale bénéficie d'un abattement forfaitaire de 30 % à condition qu'elle ne soit pas détenue par le biais d'une SCI de gestion.

Les dettes pouvant être déduites doivent remplir 3 critères :

- exister au 1er janvier 2025
- être à la charge personnelle d'un membre du foyer fiscal
- être afférente aux actifs imposables.

Certaines dettes sont exclues de déduction, même si elles réunissent les 3 conditions.

Les dettes déductibles peuvent être par exemple des dépenses relatives à l'acquisition d'un bien, à son amélioration, à sa reconstruction, à l'entretien du bien ou les impôts concernant le bien (taxe foncière, IFI…)

Quel est le taux d'imposition de l'IFI ?

Vous êtes imposable à l'IFI lorsque la valeur de votre patrimoine est supérieure à **1,3 million d'euros**. Dès que ce seuil est atteint, alors vous êtes taxé sur une base calculée à partir de 800 000 Euros.

L'IFI est calculé selon un barème progressif.

Valeur du patrimoine net taxable déclaré	Taux d'imposition
Fraction de valeur de patrimoine entre 0 et 800 000 €	0,00%
Fraction de valeur de patrimoine entre 800 001 et 1 300 000 €	0,50%
Fraction de valeur de patrimoine entre 1 300 001 et 2 570 000 €	0,70%
Fraction de valeur de patrimoine entre 2 570 001 et 5 000 000 €	1,00%
Fraction de valeur de patrimoine entre 5 000 001 et 10 000 000 €	1,25%
Fraction de valeur de patrimoine supérieure à 10 000 000 €	1,50%

A noter : dès lors que vous êtes soumis à l'IFI, le calcul de cet impôt commence à 800 000 €.

Exemple :

Si vous déclarez un patrimoine net taxable de 1,5 million d'euros, il sera imposé ainsi :

800 000 x 0 % + (1 300 000 – 800 000) x 0,5 % + (1 500 000 – 1 300 000) x 0,7 % = 3 900 €.

Votre IFI sera donc de 3 900 €.

Un système de décote a été mis en place pour les patrimoines nets taxables compris entre 1,3 million et 1,4 million d'euros. Le montant de la décote est calculé selon la formule 17 500 – (1,25 % x montant du patrimoine net taxable).

Les redevables qui effectuent des dons au profit de certains organismes peuvent imputer, sur le montant de leur IFI, 75 % de leurs versements (réduction « IFI-dons »). Le montant de l'avantage fiscal au titre des dons est plafonné à 50 000 € par an.

Ouvrent droit à la réduction d'impôt les dons effectués en numéraire ainsi que les dons en pleine propriété de titres admis aux négociations sur un marché réglementé français ou étranger au profit :
- des établissements de recherche ou d'enseignement supérieur ou d'enseignement artistique publics ou privés, d'intérêt général, à but non lucratif ou aux établissements d'enseignement supérieur consulaires (EESC) ;
- des fondations reconnues d'utilité publique (mais non des associations reconnues d'utilité publique) ;
- des entreprises d'insertion et des entreprises de travail temporaire d'insertion ;
- des associations intermédiaires ;
- des ateliers et chantiers d'insertion ;
- des entreprises adaptées ;
- des groupements d'employeurs pour l'insertion et la qualification (GEIQ) qui bénéficient de la reconnaissance de la qualité de GEIQ ;
- de l'Agence nationale de la recherche ;
- des fondations universitaires et des fondations partenariales ;
- des associations reconnues d'utilité publique ayant pour objet le financement et l'accompagnement de la création et de la reprise d'entreprises.

Le plafonnement de l'IFI

Ce mécanisme permet d'éviter que le montant cumulé de l'impôt sur le revenu, des prélèvements sociaux, de l'IFI et d'autres contributions dépasse 75 % des revenus de l'année précédente du foyer fiscal. Si c'est le cas, la différence vient diminuer le montant de l'IFI du.

Comment effectuer votre déclaration IFI ?

L'IFI se déclare en même temps que l'impôt sur le revenu. La date limite de dépôt dépend du mode déclaratif de vos revenus (papier ou en ligne) et de votre département de domicile.

La déclaration en ligne est généralisée à tous les contribuables disposant d'un accès internet et ce quel que soit leur revenu fiscal de référence (RFR). Les contribuables n'ayant pas accès à internet peuvent toutefois souscrire une déclaration papier.

Pour déclarer votre IFI, renseignez le formulaire 2042-IFI.

Si vous ne disposez pas de revenus taxable à l'impôt sur le revenu (IR), vous devez remplir la déclaration 2042-IFI-COV.

L'assiette de l'IFI est beaucoup plus étroite que celle de l'ISF car elle n'est composée que des seuls biens immobiliers (parts de SCI, immeubles, terrains...).

Optimiser l'IFI à payer

Les leviers d'optimisation fiscale sont moins nombreux car les biens imposables le sont également (moindre portée de l'exonération des biens professionnels et des pactes d'actionnaires...).

- jouer sur les biens qui sont par nature exclus de l'assiette de l'impôt :

> •Si par exemple vous détenez de nombreux biens locatifs générant des revenus fonciers, il peut être intéressant de passer en location meublée professionnelle pour exclure ce bien de l'assiette, de la même manière si ce bien est nécessaire à votre activité professionnelle. Attention toutefois aux conditions permettant de prétendre au régime de la location meublée professionnelle.
>
> •Cela vaut aussi pour les détenteurs indirects de biens immobiliers, dans leur portefeuille, la quote-part représentative de bien

immobilier sera inclus dans la base taxable sauf si ces immeubles en question sont affectés à l'activité de l'entreprise qui possède le bien. De plus si votre participation est inférieure à 10 % dans une société, vos parts ou actions ne sont pas prises en compte pour le calcul de l'IFI.

•Toujours dans la logique d'exclusion bien que la raison ne soit pas la nature professionnelle du bien, sont exclus de l'assiette : les oeuvres d'art, les comptes-titres (sauf pour la part représentative de bien immeuble), PEE, PEA.

- Vendre des biens immobiliers et acheter des actifs financiers : c'est la solution la plus basique. Elle permet de diminuer la base taxable. C'est-à-dire, la matière imposable utilisée par l'administration fiscale pour calculer le montant de l'impôt. Ce n'est évidemment pas de la grande ingénierie patrimoniale, mais c'est un moyen efficace ;

- Faire une donation temporaire d'usufruit

Le ménage possède un bien en pleine propriété et choisit de le démembrer. Pour cela, il donne temporairement l'usufruit à un enfant. Une solution qui permet, là encore, de jouer sur la base taxable de son impôt sur la fortune immobilière. Techniquement, cette donation d'usufruit représente 23% de la valeur en pleine propriété du bien transmis par période de 10 ans (article 669 du CGI). Car le montant obtenu n'est pas sans conséquence fiscale… Notamment, dans le cas d'une donation temporaire d'usufruit à un enfant majeur, cette somme est prise en compte dans l'abattement de 100.000 euros qui permet à un parent de donner, sans droit, tous les 15 ans. Attention, cette donation temporaire d'usufruit doit être motivée, par exemple, aider un enfant à poursuivre ses études, acquérir un logement….

Par ailleurs, il est possible de réaliser une donation temporaire d'usufruit au profit d'une association reconnue d'utilité publique. Par exemple, on permet à une association de recevoir des revenus fonciers pendant 10 ans générés à partir d'un bien de son patrimoine. Cela permet de sortir le bien de l'assiette de l'IFI, le ménage n'étant alors plus que nue-propriétaire. Mais il faut s'assurer que l'association est éligible à ce mécanisme.

- Faire un don à une association : dans ce cas, on ne joue plus sur l'assiette de l'impôt, mais sur le montant de l'IFI calculé par Bercy. Sur le même principe qu'un don réalisé pour obtenir une réduction d'impôt sur le revenu, il est possible de donner pour faire baisser son montant d'IFI. Selon l'article 978 du Code général des impôts, de tels dons sont déductibles à hauteur de 75% dans la limite d'un plafond de 50.000 euros. Prenons l'exemple d'un ménage dont la base nette d'impôt sur la fortune immobilière s'élève à 5 millions d'euros. Celui-ci doit s'acquitter d'un montant d'IFI de 35.690 euros. Pour obtenir une défiscalisation complète de son impôt, il doit faire un don de 47.586 euros. Ce n'est bien sûr pas un investissement, puisque le contribuable décaisse en trésorerie un montant plus important que le montant de l'IFI mais de manière ponctuelle, il peut arbitrer entre payer la somme à l'administration fiscale ou faire un don à une association dont il soutient la cause.

- Se constituer un patrimoine immobilier à crédit : contracter un crédit constitue une charge au passif du contribuable. Celle-ci vient minorer l'assiette taxable. Cette solution, souvent pertinente, ne fait cependant que repousser le problème de l'IFI. Plus le capital emprunté est remboursé et plus le patrimoine net taxable augmente mécaniquement. Certains ménages pensent parfois, à tort, avoir trouvé une solution "miracle" grâce aux prêts in fine - des prêts pour lesquels l'emprunteur ne paie que les intérêts et où le capital est remboursé lors de la dernière échéance (in fine : à la fin) - en imaginant pouvoir déduire l'ensemble du crédit comme charge pendant toute la durée de l'emprunt. C'est une erreur, car la déductibilité du prêt - par rapport à sa base taxable d'IFI - est dégressive avec le temps comme un prêt amortissable classique.

- Investir en nue-propriété : cela peut consister à acheter un bien dans un programme immobilier où les appartements sont vendus démembrés. Ce sont, souvent, des biens en vente en l'état futur d'achèvement (VEFA). L'acquéreur achète la nue-propriété et, généralement, l'usufruit est acquis par un bailleur social qui va louer l'appartement, entre 15 et 20 ans. Fiscalement, l'investisseur profite d'un double avantage : d'une part, le bien n'entre pas dans l'assiette taxable de l'IFI, mais il peut également, si l'achat est effectué à crédit, et à condition que l'usufruitier soit un bailleur social, déduire les intérêts d'emprunts de ses autres revenus fonciers.

De plus, le nue-propriétaire ne pouvant avoir ni la jouissance du bien, ni recevoir des revenus pendant la durée de la location, l'acheteur profite d'une décote sur le prix d'acquisition. Souvent de l'ordre de 30 à 40%. C'est un investissement particulièrement intéressant pour les ménages qui souhaitent se constituer un capital pour leur retraite. Mais le bénéfice de la décote ne justifie pas d'investir n'importe où. L'emplacement reste un critère essentiel pour espérer voir l'actif prendre de la valeur avec le temps.

- Penser à la SCI : parmi les stratégies pouvant être mises en œuvre en vue de réduire la douloureuse que constitue l'IFI, l'une d'entre elles permet non seulement de l'alléger, mais aussi, selon les situations, de le supprimer dans son intégralité. Et cette solution, porte un nom : Société Civile Immobilière (SCI).

Dans le détail, il s'agit de créer une SCI (Société Civile Immobilière) familiale. Pour un propriétaire foncier par exemple, l'opération consiste à apporter un bien à la SCI puis à donner des parts de cette SCI à son et/ou ses enfants majeurs. Étant majeurs, ceux-ci ne font donc plus partie du foyer fiscal. À l'issue de l'opération, sont imposables à l'IFI uniquement les parts que se sont réservées les parents. Mais ce n'est pas tout : pour les enfants, si la valeur nette taxable du patrimoine immobilier ne dépasse pas 1,3 million d'euros, ils sont naturellement exonérés d'IFI.

Si ce montage est notamment très rentable sur les résidences secondaires, il est déconseillé de l'utiliser sur une résidence principale ou sur un immeuble locatif.

- De l'intérêt de transmettre : le fait de léguer son patrimoine immobilier à ses héritiers donne aux redevables de l'IFI la possibilité de faire jouer les mécanismes des abattements sur les droits de donation. Aussi, si vos enfants sont majeurs et que vous optez pour la donation d'usufruit par exemple, cela vous permettra d'alléger votre fiscalité (vous ne percevez plus de loyers, donc vos revenus fonciers imposables) tout en assurant une source de revenus stables à vos enfants.

- Opter pour le foncier rural : enfin, l'un des derniers aspects sur lequel il peut s'avérer pertinent de se pencher n'est autre que le foncier rural. Certaines exonérations partielles en vigueur dans le calcul de l'ISF ont été transposées dans le cadre de l'instauration de l'IFI. C'est notamment le cas du foncier rural. Un contribuable assujetti à l'IFI amateur de grands vins peut ainsi joindre l'utile à l'agréable en souscrivant des parts d'un Groupement Foncier Viticole (GFV). Cela revient à détenir les parts d'une société civile détentrice de biens fonciers viticoles dont l'exploitation est confiée à un viticulteur à travers un bail à long terme.

L'avantage, c'est que ce type d'investissement donne lieu à une exonération d'IFI de 75% dans la limite d'une valeur des parts de 101 897 euros. Au-delà de ce seuil, la réduction d'assiette est limitée à 50% de la valeur des parts. Pour pouvoir en bénéficier, il est cependant nécessaire de détenir ses parts depuis deux ans minimum au 1er janvier de chaque année, soit avant le 1er janvier 2021 pour l'IFI 2023. Un investissement fin 2020 fera donc l'objet d'une exonération d'IFI en 2023.

Sur le volet des placements alternatifs, la forêt peut aussi permettre de diminuer la douloureuse. Pour quelle raison ? Parce qu'elle permet d'allier diversification d'un patrimoine et maîtrise du patrimoine taxable. Les investissements dans les bois et forêts étant en effet exonérés d'IFI à hauteur de 75% (soit une prise en compte dans le patrimoine taxable pour 25% de leur valeur).

> ☺ *Ainsi, l'IFI a certes mauvaise presse auprès de ceux qui s'en acquittent (certains considérant qu'il apparaît tel un impôt injuste qui n'encourage pas la réussite) mais il existe donc bien aujourd'hui plusieurs mécanismes permettant de sensiblement le diminuer.*
> *Si malgré tout vous n'arrivez pas à vos fins, alors, il vous reste l'expatriation (les non résidents ne sont imposés que sur leurs seuls biens français).*

La vente à soi-même (ou OBO)

La mise en place de l'impôt sur la fortune immobilière et l'installation du prélèvement forfaitaire universel (PFU ou flat tax) de 30 % sur les plus-values et les revenus financiers peuvent conduire à s'interroger sur l'opportunité de conserver son patrimoine immobilier locatif.

> ☺ *On peut alléger la pression fiscale sur les loyers et conserver les biens immobiliers dont on est propriétaire en effectuant une vente à soi-même. Son intérêt majeur est de permettre de transformer des revenus fonciers très fiscalisés en revenus financiers imposés à 30 %.*

La vente à soi-même consiste à créer une société qui va racheter les immeubles possédés en propre, en les finançant à crédit. L'emprunt contracté par la société est remboursé par les loyers encaissés. Vous percevez le prix de vente de l'immeuble ou des immeubles cédés à la société que vous réinvestissez dans des actifs financiers moins fiscalisés (assurance-vie, plan d'épargne en actions, …).

Certes, au départ de l'opération, la cession des immeubles donne lieu au paiement des droits de mutation au taux de 7,5 % en moyenne et l'impôt sur la plus-value immobilière. Mais si l'on compare la conservation du ou des biens immobiliers à sa cession par le biais d'une vente à soi-même, l'intérêt financier et fiscal de ce montage s'impose souvent. En effet, des revenus fonciers peuvent être taxés au taux maximal d'impôt sur le revenu soit 62,2 % avec les prélèvements sociaux alors, qu'au maximum, les revenus financiers sont taxés à 30 %.

Attention cependant, les ventes à soi-même sont surveillées de près par le Fisc. Si la valeur des biens vendus est surévaluée (la tentation est grande en cas d'exonération de la plus-value), le Fisc peut considérer qu'il y a une donation indirecte de la société au cédant, taxable à 60% sur l'excédent du prix de cession. A l'inverse, s'il y a sous-évaluation des biens vendus l'administration pourrait considérer qu'il y a donation indirecte du cédant à la société ou bien effectuer un rappel de droits de mutation sur la valeur vénale du bien cédé si elle est supérieure à la valeur déclarée et taxée.

En outre, le Fisc peut mettre en œuvre la procédure dite de «l'abus de droit» qui consiste à remettre en cause une opération juridique s'il l'estime fictive ou effectuée à des seules fins fiscales.

Pour contrer ce risque, il suffit de montrer que la société créée fonctionne réellement (société immatriculée, existence d'un compte bancaire et d'une comptabilité régulièrement tenue, tenue d'assemblées générales) et qu'elle n'a pas été constituée dans un but uniquement fiscal si, les enfants étant associés au sein de la société, l'opération permet de préserver les héritiers d'une indivision future par nature instable, que la vente des actifs présente un intérêt financier en terme de taux de rendement de l'investissement et que l'opération s'inscrit dans une volonté de diversification patrimoniale.

Le type de société créée, pour cette opération de vente à soi-même, sera la plupart du temps une société civile immobilière imposable à l'impôt sur le revenu. Fiscalement, dans ce cadre, les revenus sont imposés à l'impôt sur le revenu au nom de chacun des associés de la SCI. Par le biais de la déduction des intérêts de l'emprunt d'acquisition des biens les revenus taxables seront égaux à 0.

Une société civile soumise à l'impôt sur les sociétés pourra être le cas échéant privilégiée ce qui permet de prendre en compte l'amortissement des immeubles acquis (hors terrain par définition non amortissable fiscalement) laquelle pourra dégager des déficits reportables d'une année sur l'autre. En cas de profits les dividendes versés sont taxables à 30 % (Prélèvement forfaitaire unique).

CHAPITRE 8

Les donations et les successions

Donation et succession sont deux formes de transmission du patrimoine qui se complètent. La donation permet à une personne de transmettre une partie de son patrimoine de son vivant, la succession de transmettre son patrimoine à son décès. Les donations font partie des moyens d'anticipation de la succession et de préservation du patrimoine familial.

> ☺ *Vous voulez anticiper votre succession et songez à faire une donation ? La fiscalité des donations vous permet d'optimiser la transmission de votre patrimoine. En effet, si les droits de donation suivent le barème des droits de succession, des exonérations et des abattements plus avantageux sont applicables, en particulier pour les dons et donations aux petits enfants.*

La fiscalité des donations permet d'anticiper la transmission du patrimoine et de réduire les droits de succession d'une famille en lui faisant profiter des abattements renouvelables tous les 15 ans.

Cependant, une donation, une fois acceptée par son bénéficiaire, est irrévocable. Il faut donc bien mesurer ses conséquences en prenant en considération l'ensemble de la situation du donateur et du donataire.

Lors de votre succession, certaines donations faites de votre vivant seront rapportées à votre succession pour le calcul des parts d'héritage, des droits de succession et des abattements sur ces droits.

Les donations

Elles sont imposables et doivent être déclarées.

Il existe différentes catégories de donation : don manuel, don familial, donation simple, donation-partage… Cependant, hormis les présents d'usage à l'occasion des fêtes, toutes donations sont soumises, après abattement, à l'impôt «droits de donation» et doivent être déclarés à l'administration fiscale dans un délai d'un mois.

Le barème des droits de donation est celui des droits de succession

Le barème des taux d'imposition applicables aux donations est identique au barème des droits de succession, sauf pour les conjoints. Le taux d'imposition varie entre 5% et 60%, selon le montant de la donation, le type de donation, et le lien de parenté entre le donateur et le donataire. Les conjoints ne sont pas exonérés de droits de donation alors qu'ils sont totalement exonérés de droits de succession.

Droits de succession

Les personnes concernées par votre succession ne sont pas forcément celles auxquelles vous pensez. Déterminer l'ordre des héritiers permettra d'établir la dévolution successorale.

Les héritiers et ordres de succession

Si le défunt n'a pas rédigé de testament :

la transmission de son patrimoine se fait selon l'ordre des héritiers fixé par la loi.

Si le défunt n'était pas marié :

- Si le défunt avait des enfants, la succession leur revient en totalité (ou à leurs descendants s'ils sont eux-mêmes décédés).
- S'il n'avait ni enfant, ni frère et sœur, ses parents reçoivent chacun la moitié de la succession.
- S'il n'avait pas d'enfant mais des frères et sœurs, ses parents reçoivent un quart de la succession chacun et les frères et sœurs la moitié restante (les trois quarts si l'un des parents est décédé ou la totalité si tous deux sont décédés).
- S'il n'avait ni enfant, ni parents, ni frère et sœur (vivants ou représentés), la succession est divisée en deux parts égales : une moitié pour la famille maternelle, l'autre pour la famille paternelle. Dans chacune des deux familles, ce sont les héritiers les plus proches qui héritent : les oncles ou les tantes d'abord, puis les cousins germains.

En présence d'une veuve ou d'un veuf :

- Si le défunt avait des enfants, la succession est partagée entre le conjoint survivant et les enfants.
- En l'absence d'enfant, le conjoint hérite de la succession qu'il partage avec le père et la mère du défunt s'ils sont encore en vie. Si tous deux sont décédés, il hérite de la totalité.

Attention : le partenaire de Pacs n'est pas un héritier :

Pour avoir des droits dans la succession, il doit avoir été désigné dans un testament. L'époux ou le partenaire de Pacs est exonéré de droits de succession

Tarif des droits de succession et de donation applicables en ligne directe

Fraction de part nette taxable	Tarif applicable
N'excédant pas 8 072 €	5%
Compris entre 8 072 et 12 109 €	10%
Compris entre 12 109 et 15 932 €	15%
Compris entre 15 932 et 552 324 €	20%
Compris entre 552 324 et 902 838 €	30%
Compris entre 902 838 et 1 805 677 €	40%
Au delà de 1 805 677 €	45%

Tarif des droits de succession et de donation applicables pour les autres successions et autres donations

Héritiers	Tarif applicable
Entre parents jusqu'au 4ème degré	55%
Entre parents au-delà du 4ème degré et entre personnes non parentes	60%

Tarif des droits de succession et de donation applicables entre frères et sœurs

Fraction de part nette taxable	Tarif applicable
N'excédant pas 24 430 €	35%
Supérieur à 24 430 €	45%

Les abattements spécifiques sur les droits de donation

Les donations bénéficient d'abattements qui permettent une exonération de droits de donation jusqu'à un plafond renouvelable tous les 15 ans. L'abattement dépend du type de donation et du lien de parenté entre le donateur et le donataire.

Il est par exemple de 100 000 euros tous les 15 ans pour une donation à un enfant (un abattement de 100 000 € pour chaque parent donateur et pour chaque enfant), 80 724 euros pour une donation à un conjoint, 31 865 euros pour un petit-enfant et seulement de 7 967 euros pour une donation à une nièce (voir tableau ci-dessous).

Sous certaines conditions, les enfants peuvent cumuler l'abattement de 100 000 euros avec un abattement de 31 865 euros pour "don familial."

Les dons familiaux d'argent (enfants, petits-enfants, arrières petits-enfants) sont exonérés de droits de mutation s'ils sont destinés à l'achat ou à la construction d'une résidence principale, ainsi qu'aux travaux de rénovation énergétique du bien. Cette exonération est plafonnée à 100 000 euros par donateur et 300 000 euros par bénéficiaire à condition de conserver le bien pendant au moins cinq ans.

Les donations simples et donations-partages faites par le défunt à ses héritiers dans les 15 ans qui précèdent son décès sont rapportées à la succession. Cela veut dire qu'elles sont réintégrées dans la masse successorale pour le calcul des parts d'héritage, des droits de succession et des abattements sur les droits de succession.

Exemple : Sébastien reçoit une donation simple de 50 000 euros de son père. Cette donation est exonérée de droits de donation puisque son montant est en deçà de l'abattement de 100 000 euros – le plafond d'exonération est renouvelable tous les 15 ans. Lorsque son papa décède deux ans plus tard, il laisse à Sébastien 200 000 euros supplémentaires. La donation étant rapportée à la succession, Sébastien verra l'abattement des droits de succession diminué des 50 000 euros d'abattement dont il a déjà profité. Il paiera des droits de succession sur 150 000 euros.

Donation-partage et donation simple

Une donation-partage (effectuée au profit de tous les enfants ou petits-enfants) de moins de 15 ans est rapportée à la succession pour sa valeur **au jour de la donation**.

Une donation simple (elle n'implique en principe qu'un seul donataire) de moins de 15 ans est rapportée à la succession de manière plus complexe. Par exemple, si la donation a servi à acheter un bien immobilier, c'est la valeur de ce bien au moment de la succession qui est prise en compte pour le partage de l'héritage et les droits de succession.

<u>Exemple</u> : Sébastien reçoit une donation simple de 50 000 euros de son père. Il l'utilise pour acheter un studio. Lorsque son papa décède deux ans plus tard, le studio vaut 70 000 euros. Ce sont 70 000 euros qui sont rapportés à la succession pour le partage de l'héritage et le calcul des droits de succession.

Le démembrement de la propriété, un outil d'optimisation fiscale

Le démembrement est un mécanisme juridique qui s'applique sur les droits de propriété. Il trouve son origine dans la théorie juridique des trois composantes du droit de propriété que sont l'**usus**, le **fructus et l'abusus.**

L'usufruitier peut soit utiliser le bien pour son propre usage, soit le donner en location et en percevoir les loyers.

Le nu-propriétaire conserve le droit de disposer du bien en respectant les droits de l'usufruitier.

Il y a démembrement lorsque les trois attributs de la propriété (droit d'utiliser le bien, droit d'en disposer et droit d'en percevoir les fruits) ne sont pas réunis entre les mains de la même personne. Les droits d'usufruit et de nue-propriété peuvent être transmis soit par donation, soit par cession (on peut acheter ou vendre ces droits).

Il en résulte une répartition des charges entre l'usufruitier et le nu-propriétaire : au premier l'entretien du bien, au second les grosses réparations. Le démembrement de propriété peut ainsi être une manière de permettre aux futurs propriétaires de s'assurer que le bien dont ils recevront à terme la pleine propriété aura été bien entretenu.

Les droits démembrés sont indépendants l'un de l'autre, mais ni l'usufruitier, ni le nu-propriétaire ne peuvent procéder seuls à la vente du bien démembré. L'accord des deux est obligatoire pour céder la pleine propriété du bien.

Le démembrement prend fin au décès de l'usufruitier : à ce moment, le nu-propriétaire devient l'unique propriétaire du bien sans droits de succession à payer. Il peut alors l'occuper, le louer ou encore le vendre. On dit alors qu'il y a remembrement de la propriété. C'est une formule très utilisée qui permet de préparer sa succession tout en s'assurant de conserver la jouissance du bien. Il est à noter qu'en cas de décès du nu-propriétaire, la nue-propriété est transmise aux héritiers et entre dans la succession, pour la valeur de la nue-propriété seule.

Il est possible de pratiquer le démembrement de propriété sur un bien immobilier, mais aussi sur un compte titres ou un contrat d'assurance vie (c'est plus rare). Mais un PEA, un livret d'épargne ou encore un plan d'épargne logement ne peuvent pas être démembrés.

Un avantage fiscal non négligeable lors des donations

Le démembrement de propriété intervient la plupart du temps en famille. Il est ainsi possible de donner de son vivant la nue-propriété d'un bien à ses enfants par exemple, et d'en conserver l'usufruit. Cette solution permet de continuer à profiter du bien immobilier c'est à dire d'y vivre ou de le donner en location pour en tirer un revenu, mais également de préparer « en douceur » la transmission de son patrimoine, en profitant des abattements fiscaux en vigueur. Le bénéficiaire de la donation, le nu-propriétaire, un enfant la plupart du temps, deviendra pleinement propriétaire du bien le jour du décès de l'usufruitier, le parent survivant, sans avoir à payer de droits de donation ou de successions supplémentaires.

Rappel : l'abattement sur le montant de la donation

Il est possible de donner, par parent et par enfant, la somme de 100 000 € tous les 15 ans (depuis le 31 juillet 2012), sans avoir à acquitter de droits de donation. Un couple avec deux enfants peut ainsi donner en franchise d'impôt la somme de 400 000 €.

Ce type de donation présente deux atouts :

- les droits de donation sont réduits car ils ne sont pas calculés sur la valeur totale du bien mais sur la seule nue-propriété. Les valeurs respectives de la nue-propriété et de l'usufruit d'un bien sont fonction de l'âge du donateur au jour de la donation ; la valeur de la nue-propriété augmentant en même temps que l'âge du donateur.

Age du donateur	Valeur usufruit	Valeur nue-propriété
Moins de 21 ans	90%	10%
De 21 à 30 ans	80%	20%
De 31 à 40 ans	70%	30%
De 41 à 50 ans	60%	40%
De 51 à 60 ans	50%	50%
De 61 à 70 ans	40%	60%
De 71 à 80 ans	30%	70%
De 81 à 90 ans	20%	80%
A partir de 91 ans	10%	90%

- Au décès du ou des usufruitiers, les enfants récupèrent le bien en pleine propriété sans avoir de droits à payer.

Exemple: Imaginons qu'Alban souhaite transmettre sa maison d'une valeur de 220 000 € à son fils Benoît.

1. il lui cède la nue-propriété alors qu'il a 50 ans. La nue-propriété sera évaluée à 88 000 € (220 000 x 40 %) et Benoît n'aura aucun droit à payer compte tenu de l'abattement de 100 000 € entre parents et enfants

2. il donne la nue-propriété à 51 ans. Elle vaudra cette fois 110 000 € (220 000 x 50 %) et Benoît devra acquitter 596,40 € de droits de

donation après l'abattement de 100 000 €, la part taxable s'élevant à 10 000 €

3. il donne la maison sans procéder à un démembrement de propriété. Les droits dus seront calculés sur la valeur globale de la maison et s'élèveront à 22 193,90 €.

Un procédé souvent utilisé lors des successions

Le principe est le même que lors d'une donation. Il arrive en effet fréquemment que le conjoint survivant récupère l'usufruit des biens du conjoint décédé. Il arrive souvent qu'on donne ou qu'on lègue par testament l'usufruit de ses biens à son conjoint, les enfants recueillant par ailleurs la nue-propriété. En d'autres termes, le conjoint usufruitier peut utiliser tous les biens et en percevoir les revenus, par exemple habiter ou donner en location le logement familial. Ici encore, la valeur de la nue-propriété est fonction de l'âge de l'usufruitier (soit le conjoint survivant dans cet exemple), au moment du démembrement.

Depuis 2018, une personne qui dispose de l'usufruit d'un bien suite à la succession de son conjoint, déclarera à l'IFI sa part d'usufruit non pas à sa valeur en pleine propriété mais seulement à la valeur de son usufruit.

La donation temporaire d'usufruit

La donation temporaire d'usufruit est particulièrement adaptée si vous souhaitez aider l'un de vos proches sans vous dépouiller, en même temps que réduire votre facture d'Impôt sur la Fortune Immobilière. Cette technique consiste à transmettre, pour une durée limitée, généralement 10 ans, la jouissance ou les revenus procurés par un bien. Vous conservez néanmoins la nue-propriété du bien. Par exemple, si l'un de vos enfants a du mal à se loger vous pouvez lui permettre d'habiter un de vos logements en lui en transmettant l'usufruit.

Trois avantages se présentent alors :

1- vous ne vous séparez pas du bien ;

2- le bien concerné sort de votre patrimoine pendant la durée de la donation ce qui vous permet de réduire votre IFI (si c'est un bien immobilier) ;

3- les droits de mutation sont limités : les droits à payer, pour un usufruit temporaire de 10 ans, sont calculés sur 23 % de la valeur en pleine propriété du bien. Vous pouvez payer ces droits en utilisant l'abattement accordé sur les donations entre vifs, rechargeable tous les dix ans.

La donation peut être remise en cause par l'administration fiscale si celle-ci considère que l'usufruitier n'en tire pas un réel avantage. C'est le cas si vous transmettez temporairement l'usufruit d'un bien à un de vos enfants, alors que ce dernier bénéficie de revenus confortables. Si l'administration considère que le seul intérêt était de soustraire le bien au paiement de l'IFI, vous courrez le risque de vous faire redresser.

Par ailleurs, ce type de donation ne permet pas de préparer sa succession « en douceur » : à l'issue de la période prévue, l'usufruit s'éteint automatiquement. Le bien concerné fait à nouveau partie, en pleine propriété, du patrimoine du donateur. A son décès, les droits de succession devront alors être payés par les héritiers.

La SCI, autre outil d'optimisation fiscale

La société civile immobilière (SCI) est utilisée aussi bien dans un cadre familial que professionnel. Elle permet une gestion simplifiée d'un patrimoine immobilier et elle est un excellent outil de transmission du patrimoine. À travers une société, la gestion est plus simple. La prise de décisions est aussi facilitée. En effet, il y aura un gérant (ou plusieurs) à la tête de la société. Il aura tout pouvoir pour prendre des décisions dans l'intérêt de la société. Grâce à ses caractéristiques avantageuses, les associés bénéficient de la possibilité de céder des parts sociales de la société. Le plus souvent, les parents effectuent des donations successives au profit de leurs enfants (aussi associés de la société).

Grâce à l'abattement existant de 100 000 € tous les 15 ans, les cessions de parts sociales effectuées dans cette limite ne seront pas imposées. Cet abattement ne concerne que les donations consenties en ligne directe (celles réalisées entre parents et enfants). Il existe aussi un abattement pour les donations effectuées entre les grands-parents et les petits-enfants. Dans ce cas, l'abattement est moins élevé : 31 395€.

Les avantages de la société civile immobilière en matière de succession

la société civile de famille permet d'éviter des droits de succession souvent élevés. Elle permet aussi d'éviter les désavantages du régime de l'indivision, qui est le régime applicable normalement.

Les parents peuvent organiser leur succession tout en gardant le contrôle grâce à ce type de société. Chaque enfant reçoit un même nombre de parts, les parents en conservant chacun assez pour garder le pouvoir avec la gérance de la SCI. Les parts peuvent être données en toute propriété ou en usufruit. Si les parts sont données en nue-propriété par les parents aux enfants, au décès des parents, les enfants deviennent pleinement propriétaires des parts de SCI sans droit de succession.

La SCI est également un outil adapté aux concubins car le concubin n'étant pas un héritier naturel il est taxé sur la succession au taux de 60 %. En cas d'acquisition immobilière par le biais d'une SCI et s'il y a des enfants d'unions différentes, un mécanisme de participation croisée, à inclure dans les statuts de la société, est envisageable : chacun des concubins donne l'usufruit de ses parts à l'autre et conserve la nue-propriété. Lors du décès d'un des concubins le survivant retrouve la pleine propriété de ses parts et conserve l'usufruit des parts du défunt. Il peut donc continuer à profiter pleinement du bien. Les héritiers du défunt (enfants) recevront les parts en nue-propriété et en auront la pleine jouissance au décès du second concubin.

Mais attention à l'acquisition immobilière de la résidence principale par le biais d'une SCI : le droit au logement du conjoint survivant disparaît, l'abattement applicable sur l'IFI ne s'applique plus et un entrepreneur n'est plus protégé par la déclaration d'insaisissabilité.

Quel est le régime fiscal applicable à la SCI ?

Par défaut, les sociétés civiles sont soumises à l'impôt sur le revenu (IR). Concrètement, cela signifie que chaque associé sera imposé personnellement sur les bénéfices perçus. Les bénéfices provenant de cette activité sont ajoutés au revenu global de son foyer fiscal afin de déterminer le montant de l'impôt. C'est donc le barème progressif qui s'applique.

La société civile peut opter pour l'impôt sur les sociétés (IS). Dans ce cas, c'est la société elle-même qui fait l'objet de l'imposition. En dessous de 38 120 €, s'applique un taux réduit de 15%. Entre 38 120 € et 500 000 €, ce taux augmente à 28 %. Enfin, pour les bénéfices dépassant 500 000 €, c'est le taux de 31 % qui s'applique.

L'assurance vie et son cadre fiscal attractif

Placement financier et outil de transmission, l'assurance-vie peut se révéler particulièrement efficace pour attribuer une part de son patrimoine hors succession. En effet, on peut accorder le capital d'une assurance-vie à la personne de son choix ou à une association. Les héritiers naturels,

« réservataires » ne pourront pas contester le choix. A condition que les primes versées pour constituer le capital ne soient pas manifestement exagérées c'est-à-dire qu'elles n'entament pas la part réservataire des enfants.

Ainsi, un homme avait souscrit des assurances-vie au bénéfice de diverses associations, pour un montant de 600 000 € et laissait à sa fille moins de 800 €. Les juges ont estimé que ces primes, qui représentaient près de 100 % de ce qu'aurait été la succession, étaient manifestement exagérées et qu'elles devaient être rapportées à la succession.

Les juges évaluent les situations au cas par cas en tenant compte de la part des revenus consacrés à l'assurance-vie, de l'origine des fonds et de l'âge lors du versement des primes.

L'assurance-vie est ainsi adaptée pour transmettre une somme d'argent sans droits à payer, à un ami ou un concubin alors que si l'on transmet cette somme par testament tout sera taxé à hauteur de 60 %. Mais il faut respecter la réserve due aux enfants et ne prévoir une assurance-vie qu'à hauteur de la quotité disponible.

En effet, l'assurance-vie est à éviter pour déshériter ses proches. Ainsi, des juges ont remis en cause la qualification d'une assurance-vie pour un versement de 100 000 € réalisé par une personne hospitalisée en fin de vie au profit de son conjoint. La somme a été rapportée à la succession du défunt étant donné que ces versements ne pouvaient être destinés à lui assurer un complément de retraite à cette époque de son existence et dans son état avancé de maladie.

CHAPITRE 9

Les liaisons avec le Fisc

L'organisation des services fiscaux

Une administration centrale du Ministère des Finances à Bercy (DGFiP – direction générale des finances publiques -) gère dans chaque département les directions départementales des finances publiques qui comprennent l'ensemble des services des impôts (services des impôts des particuliers et des professionnels, trésoreries, les services autres que comptables qui exercent des missions cadastrales ou fiscales diverses, et des brigades de contrôle fiscal).

Elle gère également des services à compétence nationale : structures de contrôle fiscal des grandes entreprises, centres d'encaissement des impôts et taxes (situés à Créteil, Lille et Rennes), centres de contact (plateformes d'appels téléphoniques), les centres prélèvement service (CPS) situés à Lille, Lyon, Montpellier et Strasbourg, qui sont chargés de gérer les relations à distance avec les contribuables payant leur impôt par prélèvement automatique.

La dématérialisation des démarches

Traditionnellement, toutes les démarches administratives se réalisent par téléphone, courrier ou en se rendant sur place dans les bureaux administratifs.

Les services du Fisc se sont résolument tournés vers le développement d'une offre numérique pour les usagers, offre, qui, à cet égard devient progressivement obligatoire (confère obligation voulue par le législateur de déclarer les revenus par internet). Ce tournant dans les relations avec le public est lié à l'objectif de réduction des dépenses publiques dont la réduction des effectifs de fonctionnaires.

L'administration des finances publiques souhaite ainsi faciliter les relations avec les usagers (particuliers, professionnels, collectivités publiques et partenaires) en s'appuyant sur le développement de l'offre numérique et des outils de contact à distance, en particulier à partir du portail internet public **www.impots.gouv.fr**.

Il a été mis en service le 5 janvier 2017 afin de répondre de façon optimale aux attentes des usagers, avec une réécriture complète de la documentation et une approche centrée sur les évènements de la vie des usagers. Les nouvelles pages du site public ont également été créées pour être accessibles à partir de tout type de support : ordinateur, tablette et smartphone afin de répondre à la diversification des modes de connexion des internautes. En outre, l'offre de services spécifique sur smartphone est élargie chaque année, avec notamment la gestion des contrats de prélèvement à échéance et de mutualisation.

Pour profiter pleinement de tous les services ouverts par le portail administratif sur internet la création d'un «espace personnel» est hautement recommandée car il facilite les démarches ainsi dématérialisées. Par ailleurs, il offre la possibilité de communiquer en instantané avec les services des impôts au moyen d'une messagerie sécurisée.

Ce nouvel outil de relation à l'usager se décline en 2 interfaces :
– pour l'usager, la messagerie sécurisée accessible depuis l'espace personnel **impots.gouv.fr** pour déposer ses demandes et en suivre l'avancement ;
– pour les agents de l'Etat, l'application e-contacts pour traiter les messages relevant de leur compétence (réponse, demande de précisions…) et pour enregistrer (et, le cas échéant, transférer) les demandes formulées par les usagers via d'autres canaux que la messagerie (téléphone, guichet).

De cette façon, l'usager (via sa messagerie) et l'agent (via e-contacts) bénéficient d'une vision commune et consolidée de l'historique et du suivi des démarches, quel que soit le canal utilisé (messagerie, téléphone, guichet…).

Enfin, vous souhaitez un contact direct avec un agent du service des impôts. Sachez que pour l'essentiel la réception du public, comme pour d'autres administrations, est assurée dans la grande majorité des cas sur rendez-vous pris directement sur le site internet ou par téléphone ou sur place.

Depuis le site **www.impots.gouv.fr**, l'usager s'authentifie pour accéder à son espace personnel dans lequel lui sont présentés de nouveaux liens.

Concrètement, comment se présente l'espace personnel sur ce site :

– se connecter ou créer son espace

- les menus ouverts aux usagers sur le site:

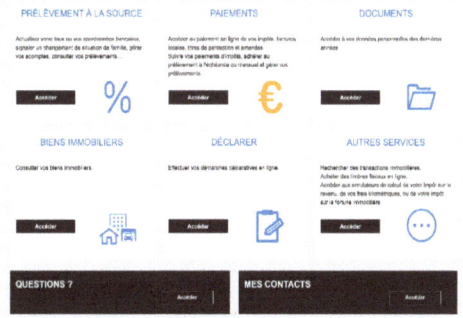

- déclarer ou payer

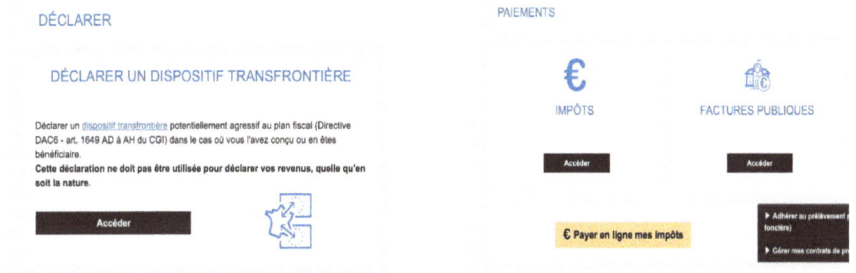

- gérer ses prélèvements à la source

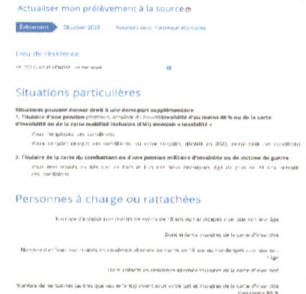

- contacter le service (demande d'information, contestation, mettre à jour sa situation)

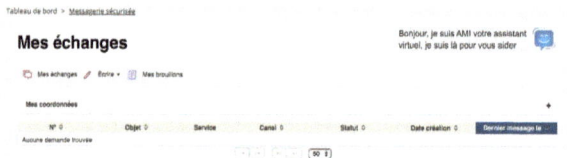

La correction en ligne de la déclaration de revenus

Si vous avez constatez un oubli ou une erreur une fois l'avis d'imposition reçu, grâce au service de correction de la déclaration en ligne disponible sur www.impôts.gouv.fr, les contribuables ont la possibilité de modifier les éléments déclarés au printemps sur la déclaration de revenus.

Ce service est ouvert en principe du 31 juillet à début décembre inclus. L'accès à ce service est réservé aux usagers qui ont déclaré leurs revenus en ligne.

Les réclamations et les contestations («le contentieux»)

Avant d'entamer une procédure contentieuse longue et coûteuse avec le Fisc, tentez une conciliation ! Plusieurs voies de recours sont possibles.

Si vous contestez le mode de calcul ou le paiement d'un impôt, l'absence de prise en compte d'un dégrèvement ou d'une déduction, le principe même d'une imposition, etc., vous pouvez tenter de régler ce genre de litige à l'amiable, sans passer devant le Juge de l'Impôt.

Vous devez d'abord déposer une réclamation écrite ou par courriel auprès du Service des Impôts dont vous dépendez ou en ligne (par le biais de votre «espace professionnel» sur le site www.impots.gouv.fr). Puis, en cas d'échec, vous pouvez saisir le «conciliateur fiscal» situé au siège de la direction départementale des finances publiques dont vous dépendez et en dernier lieu le médiateur du ministère des Finances. Les procédures devant ces deux interlocuteurs sont gratuites et ne nécessitent pas obligatoirement l'assistance d'un avocat.

Faire une réclamation écrite ou dématérialisée

Vous devez formuler votre réclamation (éventuellement par écrit en recommandé avec accusé de réception si vous envisagez par la suite de saisir le Juge de l'Impôt) avec tous les justificatifs nécessaires. Une réclamation ne vous dispense pas, en principe, de verser la somme contestée, mais, si vous n'avez pas encore payé, vous pouvez demander un sursis de paiement. Il vous faudra alors fournir des garanties comme la consignation d'une somme d'argent ou une caution, si et seulement si l'impôt en question est supérieur à 4 500 €.

Après le dépôt de la réclamation, le Fisc a six mois pour statuer. Si le Fisc accepte votre réclamation, l'imposition sera en tout ou partie annulée, et la somme que vous aviez déposée le cas échéant en garantie vous sera restituée avec intérêts. Inversement, si votre réclamation est rejetée en tout ou partie, vous ne pourrez obtenir gain de cause, en principe, qu'en vous adressant au tribunal administratif pour un impôt direct, ou au tribunal judiciaire pour les droits d'enregistrement ou l'impôt sur la fortune. Vous avez deux mois à compter de la réception de la première réponse de l'Administration pour saisir le juge. En l'absence de réponse, ce délai court à partir de la fin des six mois suivant l'envoi de votre réclamation. Mais vous pouvez aussi saisir le conciliateur fiscal départemental.

Recourir au conciliateur fiscal départemental

Un conciliateur fiscal est en place dans chaque département, avec pour mission de trouver des solutions amiables aux litiges qui opposent les contribuables aux services des finances publiques. Vous pouvez donc le saisir pour tous les litiges relatifs au calcul ou au paiement de vos impôts professionnels ou personnels, et plus largement dans toutes les situations où vous n'avez pu trouver un accord avec l'administration fiscale. En revanche, le conciliateur n'est pas compétent si votre entreprise fait l'objet d'une vérification de comptabilité ou si vous êtes soumis, à titre personnel, à un contrôle fiscal. Les coordonnées des conciliateurs fiscaux de chaque département sont disponibles sur le site **www.impots.gouv.fr.**

Une fois saisi, le conciliateur s'engage à vous répondre dans un délai de trente jours pour vous informer soit de sa décision, soit de l'état du traitement de votre demande pour les dossiers plus complexes. Sa décision peut modifier celle qui avait été prise antérieurement par le service des impôts, ce qui assure alors un règlement rapide du litige. Le recours au conciliateur départemental ne vous dispense pas du paiement des sommes exigées tant que la décision n'est pas rendue et ne suspend pas les délais de recours contentieux. Il faut donc saisir le conciliateur rapidement. Si sa décision ne vous satisfait pas, vous avez la possibilité de saisir le médiateur du ministère de l'Economie et du Budget.

Saisir le médiateur du ministère de l'Economie et des Finances

Le médiateur du ministère de l'Economie et des Finances constitue le dernier recours amiable possible. Vous pouvez le saisir directement sans passer par le conciliateur fiscal départemental. Cependant, cette procédure n'est pas usuelle et votre dossier risque, dans ce cas, d'être retardé. Vous pouvez saisir le médiateur par courrier (BP 60153, 14010 Caen Cedex 1) ou par internet.

Le médiateur examine d'abord si votre demande est recevable. Il propose ensuite à vous-même et aux services fiscaux une solution ou "recommandation". En tout état de cause, à l'issue de la médiation, le résultat de celle-ci vous est notifié ainsi qu'au service des impôts.

Si la solution satisfait les deux parties, le litige est soldé. En revanche, si le service des impôts ne l'accepte pas, le médiateur peut soumettre directement l'affaire au ministre de l'Economie, qui prendra la décision finale. Si c'est vous qui refusez la conciliation parce qu'elle ne vous satisfait pas, vous n'avez alors plus d'autre issue que de porter le litige devant les tribunaux pour entamer une procédure contentieuse.

Le défenseur des droits

Vous pouvez vous adresser au Défenseur des droits si vous avez un problème avec le Fisc et il peut vous aider lorsque vous avez effectué toutes les démarches pour régler votre problème et qu'aucune solution n'a été trouvée : accés direct par le site **https://defenseurdesdroits.fr**

Les recours auprès des tribunaux

Si la décision de l'administration sur leur réclamation ne leur donne pas entière satisfaction, ou si cette décision ne leur est pas parvenue dans les six mois, les contribuables peuvent saisir les tribunaux.

La juridiction compétente est différente suivant la nature de l'impôt contesté. les contestations relatives aux impôts directs ou aux taxes sur le chiffre d'affaires sont du ressort des juridictions administratives (tribunal administratif, cour administrative d'appel, Conseil d'Etat). Celles qui concernent les droits d'enregistrement et de timbre, les contributions indirectes et l'impôt sur la fortune immobilière sont de la compétence des juridictions judiciaires (tribunal judiciaire, cour administrative d'appel et Cour de cassation).

- en première instance, le tribunal administratif (ou tribunal judiciaire pour certains impôts)

Le tribunal administratif est la juridiction compétente pour la plupart des litiges fiscaux. Il ne peut être saisi que pour autant une réclamation écrite auprès de l'administration aura été présentée et rejetée, il s'agit bien d'un recours en deuxième niveau, la réclamation préalable auprès de l'administration est obligatoire, à défaut le juge retiendra l'irrégularité de la procédure.

Un recours devant le tribunal administratif est totalement gratuit et ne nécessite pas de faire appel à un avocat. D'autre part le sursis de paiement des impôts et taxes contestés peut être obtenu sur demande (mais le sursis est automatique jusqu'à 4 500 €).

Pour être recevable, une requête présentée devant le juge de l'impôt doit préciser la décision contestée, comporter des arguments et des justifications.

La procédure devant le tribunal adminstratif est entièrement écrite et se déroule par échanges de mémoires entre l'administration et le contribuable.

- en seconde instance, la cour administrative d'appel

La procédure devant cette instance nécessite obligatoirement le recours à un Avocat. Elle doit donc être réservée sous peine de frais importants aux litiges fiscaux dont les enjeux sont importants et pour lesquels il existe une réelle chance d'obtenir satisfaction.

Le contribuable peut faire appel des jugements devant la cour administrative d'appel dans le ressort duquel le tribunal administratif ayant rendu la décision a son siège.

L'appel doit être formé dans le délai de deux mois (augmenté, le cas échéant, du délai supplémentaire de distance) à compter de la date de notification du jugement. Le délai est décompté comme pour les instances au tribunal administratif.

La requête d'appel doit obligatoirement être présentée par un avocat, par voie électronique via l'application « Télérecours ». Elle doit contenir l'exposé des faits, moyens et conclusions du requérant.

L'arrêt rendu par la cour administrative d'appel peut faire l'objet d'un pourvoi en cassation devant le Conseil d'État dans l'un des cas suivants : incompétence du juge, vice de forme, violation de la règle de droit.

Faire face à des difficultés de paiement

Vous rencontrez des difficultés financières et ne pouvez faire face à vos échéances fiscales : paiement de l'impôt sur le revenu, des impôts locaux. Vous pouvez solliciter des facilités de règlement (un plan échelonné), demander une remise gracieuse totale ou partielle des impôts et taxes qui vous sont réclamées. Si ces difficultés se cumulent et atteignent un niveau de dettes important vous trouverez ci-après un rappel sur la demande de mise en place d'une procédure de surendettement.

plan de règlement échelonné : la demande peut se faire sur place auprès des services, par courrier, en ligne sur internet ; elle doit bien sûr être argumentée et vous pouvez être amené à apporter toutes justifications de vos ressources actuelles et de votre situation personnelle.

demande de remise gracieuse :

Elle n'est accordée qu'exceptionnellement si elle peut être motivée par un état de gêne financière particulièrement avérée voire «d'indigence» (c'est le terme évoqué par la Loi). S'agissant de «gracieux» (donc laissé à la libre appréciation du fonctionnaire) aucune contestation d'un refus de remise ne peut être formulée auprès d'un tribunal. En revanche, il y a la possibilité de recours à divers niveaux : le «conciliateur fiscal», le «médiateur du ministère des Finances» ou tout simplement le «directeur départemental des finances publiques». N'hésitez pas à solliciter ces différents recours.

la procédure de surendettement :

"La situation de surendettement est caractérisée par l'impossibilité manifeste de faire face à l'ensemble de ses dettes non professionnelles exigibles et à échoir." - Articles L. 711-1 et L. 712-2 du Code de la consommation

Si vous n'arrivez plus à rembourser vos dettes non professionnelles, telles que vos charges courantes (loyer, énergie, eau, …) et/ou mensualités de crédits, vous pouvez déposer un dossier de surendettement. La procédure est totalement gratuite et ouverte aux personnes physiques de bonne foi.

Pour cela, vous pouvez vous adresser à la commission de surendettement des particuliers par l'intermédiaire de la Banque de France de votre département. Un dossier de surendettement à remplir et la liste des pièces justificatives à joindre vous seront délivrés ainsi qu'une notice explicative. Vous pouvez également télécharger cette documentation directement sur le site internet de la Banque de France. Si vous pensez avoir besoin d'aide pour constituer votre dossier, vous pouvez vous faire accompagner par un organisme qui vous aidera à remplir votre déclaration (Centre communal d'action social de votre commune ou des services sociaux du conseil général, par exemple).

Votre dossier complet doit être déposé ou envoyé à l'unité Banque de France dont dépend votre domicile.

La commission examine d'abord votre dossier pour déterminer si vous êtes ou non en situation de surendettement et si vous pouvez bénéficier de la procédure. Si votre dossier est recevable, la commission vous informe ainsi que vos créanciers et votre banque. Si votre dossier est déclaré irrecevable, vous seul êtes informé de la décision de la commission. L'étude de votre dossier par la commission peut durer plusieurs mois.

En attendant, il est impératif que :

- vous lui signaliez tout changement de situation (changement d'adresse, reprise de travail ...) ;
- vous n'aggraviez pas votre endettement en souscrivant de nouveaux crédits, ne vendiez pas vos biens au profit d'un de vos créanciers ;
- vous preniez connaissance de tous les courriers relatifs au traitement de votre dossier, en particulier les courriers en recommandé avec

accusé de réception ;
- vous continuiez à payer vos charges et factures courantes (loyer, impôts et factures du mois en cours et des mois à venir) ;
- vous régliez les pensions alimentaires et les amendes ;
- vous ne fassiez aucun acte de disposition de votre patrimoine sans l'accord du juge ;

A compter de la recevabilité de votre dossier de surendettement, pendant toute la durée de l'instruction de votre dossier et dans la limite de 2 ans, vous ne devez plus :

- rembourser vos crédits ou votre découvert ;
- régler vos dettes : arriérés de loyers, d'impôts, factures impayées, frais d'huissier, etc.

Toutes les saisies en cours sont automatiquement suspendues et interdites pendant cette période, sauf en ce qui concerne les dettes alimentaires et pénales.

A noter : dès le dépôt de votre dossier et durant toute la procédure, vous êtes inscrit au Fichier national des incidents de remboursement des crédits aux particuliers (FICP) qui peut être consulté par les établissements bancaires et financiers.

La commission s'attache à rechercher la solution la plus adaptée à votre situation financière :

- Si votre situation financière le permet, une mesure de remboursement de votre endettement est établie et peut comporter des rééchelonnements, des reports, et/ou des effacements partiels de vos dettes. Si vous êtes propriétaire d'un bien immobilier, une phase de conciliation entre vos créanciers et vous, favorisera la mise en œuvre d'un plan de remboursement ; à défaut, la commission imposera une mesure.

Dans tous les cas, vous devez respecter la décision après sa validation, et vous êtes inscrit au FICP pour la durée de la mesure, dans la limite de 7 ans.

- Si vos difficultés financières sont plus importantes, la commission peut orienter votre dossier vers un rétablissement personnel, c'est-à-dire un effacement total de vos dettes :

   a) sans liquidation judiciaire, si vous ne disposez que de meubles nécessaires à la vie courante, ou des biens non professionnels indispensables à l'exercice de votre activité professionnelle. Dans ce cas, vos dettes (à l'exception de celles exclues par la loi) peuvent être effacées après décision de la commission.

   b) avec liquidation judiciaire, si vous possédez un patrimoine qui peut être vendu et avec votre accord. Dans ce cas, c'est un juge qui traite votre dossier : celui-ci peut alors effacer vos dettes (à l'exception de celles exclues par la loi) après avoir fait procéder à la vente de vos biens, à l'exception des meubles nécessaires à la vie courante ou des biens non professionnels indispensables à l'exercice de votre activité professionnelle.

Dans ces deux cas, vous êtes inscrit au FICP pour une durée fixe de 5 ans

Les contrôles fiscaux des particuliers

Chaque année, l'administration fiscale procède à environ 900.000 contrôles fiscaux de particuliers dont 800.000 vérifications sur pièces (CSP), et environ 100.000 sur les droits de succession et l'ISF. Les contrôles fiscaux approfondis (ESFP) concernent moins de 5.000 contribuables par an.

L'image d'Epinal de l'inspecteur du Fisc qui intervient au domicile du contribuable n'est donc pas le reflet de la grande majorité des contrôles fiscaux. L'administration procède en réalité de façon plus discrète, et très efficacement.

Comment l'administration cible ses contrôles :

Une bonne partie des contrôles fiscaux sont réalisés par recoupement automatique de données issues des tiers déclarants. Sans être à proprement dit des contrôles, ces recoupements sont systématiques pour les salariés, leurs rémunérations étant déclarées à l'administration par leurs employeurs, ce qui permet d'ailleurs l'usage de la déclaration pré-remplie. L'administration facilite ainsi la tâche du déclarant tout en contrôlant automatiquement les revenus.

Pour les revenus financiers, la même procédure s'applique : la banque qui les verse ou la société qui les distribue déclarent ceux-ci à l'administration et payent dans certains cas tout ou partie de l'impôt dû. Le contribuable n'a plus qu'à valider… sous le contrôle des services fiscaux. C'est la logique du paiement à la source.

Les risques d'autres contrôles complémentaires sont faibles. Quels contribuables, dès lors peuvent connaître un contrôle fiscal ? Là encore, les croyances sont infondées. Il est assez rare que l'administration agisse sur la base d'une délation. Seules les révélations communiquées par des tiers identifiés et faisant état de faits précis et graves sont exploitées.

L'administration agit de façon ciblée. Les vérifications fiscales concernent en premier lieu les titulaires de revenus supérieurs à 270.000 euros par an et les possesseurs de patrimoines supérieurs à 1,3 million d'euros. Ces contribuables sont en moyenne contrôlés tous les trois ans.

Autre facteur de risque : tous les recours à des réductions ou crédits d'impôt, à des déficits catégoriels (déficits fonciers suite à travaux…) ou à des dispositifs permettant une défiscalisation. Si vous cumulez ce type d'avantages, un contrôle peut vite arriver… Par ailleurs, toutes les évolutions importantes et soudaines de la situation d'un contribuable peuvent alerter l'administration : donation, succession, divorce, cession massive de titres de sociétés…

Que risque le contribuable vérifié ?

Le contribuable défaillant risque un rappel des impôts éludés sur 3 ans pour l'impôt sur le revenu et 6 ans pour l'IFI. L'administration applique systématiquement des intérêts de retard à hauteur de 0,40 % par mois. En cas d'erreur ou d'omission de bonne foi du contribuable, des majorations de 10% sont appliquées. Si l'administration démontre une erreur volontaire ou si le contribuable n'a pas répondu dans les 30 jours à une mise en demeure le taux des majorations est de 40%.

Si le contribuable a exercé une activité illicite ou occulte, s'est rendu coupable de manœuvres frauduleuses ou est à l'origine d'un abus de droit, les majorations passent alors à 80% et même à 100% en cas d'opposition au contrôle. De plus, dans les cas particulièrement graves, l'administration peut lancer des poursuites pénales pouvant aboutir jusqu'à 500 000 euros d'amende et 5 ans de prison.

Ces cas sont assez rares. Lorsque l'administration soupçonne ce type d'agissements, elle diligente un contrôle fiscal approfondi (ESFP-Examen de la Situation Fiscale Personnelle), qui consiste à analyser en détail toute l'activité financière du contribuable.

Comment se déroulent les contrôles sur pièces ?

Le contrôle d'un dossier sur pièces consiste pour le vérificateur à analyser la cohérence du dossier fiscal et à recouper toutes les informations qui s'y trouvent avec celles qu'il peut obtenir. Si tout est correct, le contrôle est terminé et le contribuable n'est pas informé.

Si le vérificateur a des questions, il peut envoyer au contribuable, soit une demande de renseignements sans caractère contraignant, mais à laquelle il est préférable de répondre rapidement, soit une demande d'éclaircissements ou de justifications à laquelle le contribuable doit répondre dans un délai de 60 jours.

Si le contrôleur découvre des erreurs, il adresse au contribuable une proposition de rectification, qui indique le montant de l'impôt complémentaire à payer, ainsi que les pénalités, et précise le délai de réponse dans lequel ce dernier peut présenter des observations et contester les rectifications.

Comment le contribuable peut-il se défendre ?

Les contrôles fiscaux suivent des procédures précises et contradictoires qui garantissent les droits des contribuables. Un vice de procédure, rare en pratique, peut rendre nul un contrôle. Les propositions de rectification doivent être argumentées et étayées par les textes fiscaux invoqués par l'administration. Pour se défendre, il est bien évidemment possible de faire valoir des arguments appuyés par des justificatifs, des explications et des textes fiscaux.

Il est également souhaitable de faire appel aux services d'un expert-comptable ou d'un avocat fiscaliste pour appuyer la défense. Il est d'ailleurs préférable de solliciter en 1er ces professionnels dès la réalisation de la déclaration de revenu, ou lors de la réalisation d'opérations fiscalement complexes afin de vous assurer du respect de la législation.

Si malgré tout, le rappel est justifié, il est toujours possible, si l'administration n'a jamais rien eu à rectifier antérieurement sur le dossier et que la bonne foi du contribuable n'est pas remise en cause, de demander une remise gracieuse qui n'est accordée que pour des rappels peu importants et dans la mesure où l'état dit «de gêne ou d'indigence» peut être établi ; par ailleurs une atténuation des pénalités appliquées peut toujours être demandée

---

☺ *Les contrôles fiscaux étant nombreux et ciblés, il est impératif de bien préparer ses déclarations de revenus en vérifiant dès le départ la conformité de celles-ci à la Loi. Si son patrimoine ou ses revenus sont importants ou si sa situation fiscale est complexe il est préférable de solliciter un expert-comptable ou un avocat fiscaliste.*

En outre il est nécessaire de bien documenter son dossier et d'obtenir et de conserver tous les justificatifs nécessaires afin de les produire en cas de besoin. Il est préférable également d'être coopératif et de répondre précisément et rapidement. Si malgré tout l'administration reproche des erreurs, il est possible de se défendre, ce qui est toujours nettement plus facile si la bonne foi du contribuable contrôlé n'est pas remise en cause.

Enfin, les droits de réclamations et de recours amiables ou contentieux sont nombreux et sont autant de garanties offertes aux particuliers qu'il convient d'utiliser largement.

CHAPITRE 10

Se domicilier fiscalement en France ou à l'Etranger ?

> ☺ *Le choix du pays d'imposition est bien la première étape d'une réflexion globale sur la minimisation de son impôt.*

Choisir le pays où payer ses impôts est désormais une réalité. Le développement des transports aériens ou ferroviaires à grande vitesse raccourcissent les distances. La mondialisation, le développement des opérations par internet facilitent les formalités d'installation à l'étranger ou en France. Certains pays n'hésitent pas à se concurrencer pour attirer de nouveaux résidents au pouvoir d'achat significatif (exonération d'impôt sur le revenu au Portugal, impositions minorées au Maroc, par exemple).

En matière de domiciliation fiscale, la nationalité est sans incidence sur le champ d'application de l'impôt en France, les règles sont les mêmes pour les étrangers et pour les Français.

A noter aussi que des dispositions particulières sont prévues à l'égard des fonctionnaires en service à l'étranger, et des salariés détachés à l'étranger.

Ceci étant précisé, quelles sont les conditions pour être considéré comme ayant son domicile fiscal en France (métropole et DOM) et donc y être imposé sur l'intégralité des revenus de toute origine (hormis les situations de double-imposition réglées par les Conventions Fiscales Internationales). Elles sont au nombre de quatre :

Avoir son foyer en France

Que faut-il entendre par « foyer » ? C'est le lieu où le contribuable et (ou) sa famille (épouse, enfants) ou encore son concubin (mais pas les parents, frères ou sœurs de ce dernier) habitent normalement et habituellement, étant fait abstraction des déplacements temporaires nécessités par la profession, ou dictés par des circonstances exceptionnelles.

A noter que lorsque le contribuable est célibataire et sans charge de famille, le foyer est déterminé à partir du lieu où l'intéressé habite normalement en dehors de ses déplacements professionnels et où se trouve le centre de sa vie personnelle.

Avoir en France son lieu de séjour principal
La durée de séjour en France du contribuable, indépendamment du reste de sa famille, doit être supérieure à **183 jours** durant une année donnée quelque soient les conditions du séjour (vie à l'hôtel par exemple). Le contribuable est alors réputé comme ayant son « foyer » en France cette année là en question et donc son domicile fiscal ce qui le rend imposable dans notre pays.

Exercer une activité professionnelle en France ...

...quelque soit l'activité professionnelle, salariée ou non, à l'exception de celle qui a été exercée à titre accessoire (celle qui vient en complément d'une activité principale exercée à temps complet ou à temps partiel).

Avoir le centre de ses intérêts économiques en France

De quoi s'agit-il ? Le centre des interêts économiques est celui où la personne a effectué ses principaux investissements, où se trouve le siège de ses affaires, d'où il gère, administre ses biens, le lieu où le contribuable a le centre de ses activités professionnelles, d'où il tire la plus grande partie de ses revenus.

Les enjeux

Sauf disposition contraire expressément prévue par un pays ou Etat ayant conclu avec la France une Convention Fiscale Internationale, ou un accord de réciprocité, toute personne considérée comme ayant son domicile fiscal en France y est imposable sur l'ensemble de ses revenus de source française et étrangère.

Dans le cas des contribuables mariés ou pacsés, si l'un des époux ou partenaires seulement répond aux critères de domiciliation en France, l'obligation fiscale du couple ne porte que sur l'ensemble des revenus de l'époux ou du partenaire domicilié en France et sur les revenus de source française de l'autre époux ou partenaire. De même, si l'un des enfants ou l'une des personnes à charge ne répond pas aux mêmes critères, seuls ses revenus de source française sont compris dans l'imposition commune.

L'incidence des Conventions fiscales internationales

Les conventions fiscales internationales prévalent sur le droit interne français.

Ainsi, une personne, considérée par application d'une Convention fiscale comme résidente d'un autre Etat contractant que la France, ne peut pas être regardée comme fiscalement domiciliée en France et elle est donc généralement imposable à l'Etranger. Cependant dans cette hypothèse, la France a le droit d'appliquer une retenue à la source sur les salaires de source française de cette personne.

Beaucoup de ces Conventions internationales prévoient l'imposition des revenus dans l'Etat de résidence de la personne.

Pour celles fiscalement domiciliées en France, les conventions internationales apportent dans certains cas une exception au principe de l'imposition en France de l'ensemble des revenus de source française ou étrangère. Par exemple, certaines conventions réservent le droit d'imposer les revenus fonciers à l'État où est situé l'immeuble, ce qui a pour effet d'exclure l'imposition dans l'État du domicile du propriétaire.

Si les revenus ainsi exonérés en France par l'effet d'une convention sont exclus de la base d'imposition à l'IR, il est fait application d'une règle (ou mécanisme en d'autres termes) dite du « taux effectif » qui conduit à prendre en considération, fictivement, ces revenus exonérés et déterminer ainsi le taux de l'impôt applicable aux autres revenus du contribuable.

Exemple :

Jean, marié, sans enfant, domicilié à l'étranger a perçu :

- un salaire de 42 500 € à raison d'une activité exercée à l'étranger, exonéré d'impôt sur le revenu en France ;

- des revenus fonciers perçus en France d'un montant imposable de 10 000 €.

Montant du revenu que l'on qualifiera de « mondial » : 10 000 € + 42 500 € = 52 500 € ;

Impôt qui serait dû en France si l'intégralité du revenu « mondial » avait été imposable (2 parts fiscales): <u>4 600 €</u>

Impôt dû en France à raison des revenus réalisés en France calculé d'après le taux effectif :

4 600 € x 10 000 € / 42 500 € soit **<u>1 082 €</u>**

Peut-on être non-domicilié fiscalement en France et néanmoins y être imposable ?

- Oui, si la personne considérée possède des revenus de **source française** : seuls ceux-ci y sont alors imposés ;

- Oui si, bien que n'ayant pas de revenus de source française, la personne concernée a conservé la disposition d'une ou plusieurs habitations (appartement ou maison). Dans ce cas, la personne est taxée en France sur une base forfaitaire égale à 3 fois la valeur locative de cette (ou ces) habitations(s).

Les risques attachés à la fraude à la domiciliation fiscale

Ce sont les risques de fraude fiscale courants tels que prévus et réprimés aux termes des articles 1741 à 1743 et suivants du Code Général des impôts.

Pour illustrer le propos, prenons le cas d'une personne mariée, ayant des enfants scolarisés en France (études supérieures), mais salariée d'un groupe anglais, travaillant, et résidant en Grande-Bretagne mais seulement avec son épouse.

Il avait communiqué à son employeur britannique une adresse postale qui n'était autre qu'une « boîte aux lettres », celle d'un ami chargé de recevoir et de lui expédier le courrier, ceci afin de ne pas alerter les administrations françaises et, notamment, pouvoir continuer à bénéficier de la couverture sociale française, meilleure que la couverture anglaise.

Les enfants étaient scolarisés en France, et cette personne pourvoyait à toutes leurs dépenses.

Dans ce cas de figure, il a été établi que l'intéressé était domicilié en France (où par ailleurs il avait gardé son habitation principale et une résidence secondaire) en conséquence de quoi, après des opérations de contrôle, sa situation fiscale a été régularisée, des rappels d'impôts ont été mis à sa charge et il a été poursuivi pour fraude fiscale.

L'imposition des non-résidents

En ce qui concerne le cas particulier des non-résidents qui ne possèdent aucune habitation en France, ils sont soumis à l'impôt sur tous leurs revenus de source française, sous réserve des dérogations prévues par les nombreuses conventions internationales signées entre la France et le pays de résidence.

Sous cette même réserve, le montant de l'impôt ne peut être inférieur à 20% du total des revenus mondiaux (ceux de source française et étrangère) de l'intéressé.

Toutefois, si l'imposition en France de la totalité des revenus mondiaux aboutit à un taux moyen inférieur à 20%, c'est ce taux moyen qui est retenu par l'administration.

Les non-résidents ne bénéficient pas des différentes réductions d'impôts, abattements et charges déductibles du revenu accordées aux contribuables imposés en France et résidant en France.

Lorsque les intéressés ont leur domicile fiscal dans un pays qui a signé une convention fiscale avec la France, le taux moyen ne s'applique qu'aux seuls revenus effectivement imposables en France en vertu de cette convention.

Exemple : soit Didier domicilié hors de France, marié, ayant deux enfants à charge, qui a disposé en 2019 des revenus suivants :

- revenus de source française : revenus fonciers nets imposables de 7 500 € ;

- revenus de source étrangère : intérêts de créances de 30 000 € ;

- total : 37 500 €.

Impôt français normalement dû sur les seuls revenus de source française par application du taux minimum (20 %) : 7 500 € x 20 % = 1 500 €.

Impôt français théoriquement dû sur l'ensemble des revenus « mondiaux » par application du barème progressif : 1 100 €.

Taux moyen d'imposition :

1 100 / 37 500 = 2,93 %.

Ce taux moyen étant inférieur à 20 %, l'impôt effectivement dû en France est de :

7 500 x 2,93 % = 219 €.

En ce qui concerne les non-résidents qui, eux, possèdent au moins une habitation en France, sous réserve de nombreuses exceptions liées aux conventions internationales, ils sont soumis à l'impôt sur une base forfaitaire égale à trois fois la valeur locative des immeubles dont ils sont propriétaires si cette base est inférieure à leurs revenus de source française. Ils sont également soumis aux prélèvements sociaux (CSG, etc...) sur les revenus fonciers et les plus-values immobilières.

Ces dispositions sont applicables à l'égard de toutes les personnes domiciliées fiscalement hors de France, quelle que soit leur nationalité et le pays où elles résident.

Les fonctionnaires français à l'étranger

Les fonctionnaires français en poste à l'étranger sont imposés en France sur la totalité de leurs revenus (sauf si ces revenus supportent l'impôt dans le pays concerné). Mais seuls les revenus qu'ils auraient dû percevoir en France sont imposables : les primes d'expatriation et autres indemnités assimilées sont, en principe, exonérées.

Les salariés détachés à l'étranger

Quand ils conservent leur domicile fiscal en France, les salariés détachés à l'étranger sont imposés en France sur la totalité de leur rémunération, y compris la partie qui rémunère l'activité à l'étranger.

Mais cette partie de la rémunération peut être exonérée dans plusieurs cas.

- 1. quand elle est soumise à l'impôt dans le pays d'affectation et que cet impôt représente au moins les deux tiers de l'impôt qu'elle aurait supporté en France.
- 2. quand elle couvre les activités suivantes : chantiers de construction, prospection et exploitation de ressources naturelles, prospection commerciale précédant l'implantation de sociétés françaises à l'étranger.

L'exit tax : la taxe à la frontière.

L'exit tax est un dispositif fiscal qui empêche les contribuables français de s'expatrier pour céder leur entreprise depuis des Etats où il y a peu ou pas de fiscalité (Dubaï, Belgique, etc.).

En effet, un résident fiscal français qui passe la frontière doit déclarer ses plus-values latentes à raison des titres de société qu'il détient comme s'il cédait ses titres la veille de son déménagement. Le champ d'application du dispositif est assez large car il concerne les contribuables qui détiennent plus de 800 000 € de titres (en valeur) ou au moins 50% du capital d'une société. Ainsi, même une petite entreprise est concernée par *l'exit tax* dès lors que le dirigeant en détient le contrôle.

Heureusement pour ces nouveaux expatriés, l'impôt dû à raison de cette plus-value « fictive » peut bénéficier d'un « sursis de paiement » jusqu'à la date de cession réelle des titres, sous réserve de respecter certaines obligations déclaratives assez lourdes (déclaration de plus-value à souscrire avant le départ, désignation d'un représentant fiscal et constitution de garanties destinées à assurer le futur paiement de l'impôt…). En cas de non-respect de ces conditions, l'impôt deviendra immédiatement exigible bien que les titres n'aient pas encore été cédés !

Ce sursis de paiement expirera lors de la cession réelle des titres par le contribuable expatrié.

Quels sont les pays fiscalement intéressants ?

Si vous deviez vous expatrier, où iriez-vous ? Un top 10 des pays peut être établi. En plus de vous offrir des rappels de géographie, il vous permettra de savoir où passer votre retraite…

C'est parti pour un petit tour du monde des pays avec les impôts les plus faibles !

Dubaï

Un petit rappel historique : **Dubaï** fait partie des Emirats Arabes Unis. Cette fédération a été fondée en 1971 en regroupant 7 émirats de la péninsule arabique. Chacun de ces émirats est chargé de collecter lui-même ses impôts. Et le moins que l'on puisse dire, c'est que Dubaï propose une fiscalité des plus avantageuse : pas d'impôt sur le revenu, ni sur les plus-values, pas d'impôt sur la fortune, pas d'impôt sur les successions ni les donations. Par contre depuis 2023 un impôt sur les sociétés au taux de 9 % est perçu. Dubaï a le vent en poupe. Bref, Dubaï est un paradis fiscal, encore fort peu connu, et qui ne souffre pas de la mauvaise réputation de Panama, des îles Caïmans ou des îles Vierges britanniques.

Afin d'attirer les investissements étrangers et de favoriser les échanges commerciaux, l'émirat a aussi instauré le principe des zones franches. Il s'agit de quartiers d'affaires où les entreprises sont exemptées de taxes et de droits de douanes. Pas d'impôts certes, mais ce petit pays a d'autres ressources.

Impôt sur le revenu à Dubaï

La politique de zéro impôt sur le revenu à Dubaï ne sera pas modifiée dans un avenir proche selon les propos tenus par les autorités de l'émirat et cela même en cas de déficit budgétaire.

Cela signifie qu'il est peu probable qu'un impôt soit perçu sur le revenu d'un particulier à Dubaï. Les résidents de Dubaï bénéficient également d'un revenu sur les locations, hors taxe, sans droit de timbre ni impôt sur les gains en capital ou sur les successions.

En vertu de la convention fiscale entre la France et les Emirats, les dividendes et revenus mobiliers d'origine française perçus par le résident fiscal des Emirats ne sont pas imposables en France, il n'en est pas de même des revenus sur les immeubles français et des pensions publiques d'origine française. Seuls les salaires résultant d'un emploi exercé en France sont taxés en France.

Taxe d'habitation

Pour les expatriés à Dubaï une taxe de 5 % du loyer annuel est perçue pour une habitation prise en location ou une taxe de 0,5 % de la valeur du bien pour un propriétaire.

Taxes indirectes

En ce qui concerne les autres taxes de la fiscalité à Dubaï, elles portent sur les profits des banques internationales et des entreprises énergétiques qui sont taxés au niveau fédéral.

L'alcool est lourdement taxé à l'importation. C'est 50 % si vous en rapportez au pays et 30 % si, ayant un permis d'alcool, vous en achetez pour la consommation à domicile.

Quant aux droits de douane des produits importés autres que l'alcool ils s'élèvent à 5 %.

Taxe sur la valeur ajoutée à Dubaï

La TVA a été introduite dans la fiscalité à Dubaï et aux Emirats Arabes Unis en janvier 2018. La TVA est calculée au taux de 5 %. L'exception concerne les produits alimentaires, la santé, l'éducation, les produits pétroliers, les services sociaux et les bicyclettes. Les secteurs des services financiers et de l'immobilier résidentiel sont également exonérés de TVA (avec certaines exceptions).

Sur l'appréciation de la domiciliation à Dubaï de l'expatrié

Les critères contenus dans la convention conclue entre la France et les Emirats Arabes Unis pour trancher les conflits de résidence fiscale sont très classiques : foyer d'habitation permanent, centre des intérêts vitaux, lieu de séjour habituel, nationalité et, à défaut, accord entre les Etats

C'est sans compter sur une clause spécifique contenue à l'article 19.2 de la convention et selon laquelle un résident émirati qui remplit les critères de résidence fiscale au sens de la loi française (et non de la convention) est imposable en France comme si la convention n'existait pas (à moins qu'il soit citoyen des EAU).

Il est donc primordial pour ces expatriés de ne remplir aucun des critères de résidence fiscale française listés à l'article 4 B du Code général des impôts : foyer, activité professionnelle ou centre des intérêts économiques. A défaut, la France pourrait considérer que ces expatriés doivent être imposés comme des résidents fiscaux français bien que la convention les considère comme résidents émiratis…

Or, les critères de résidence fiscale française étant très larges, le risque de remplir au moins l'un d'entre eux peut être très important selon les circonstances : sans lister tous les cas de figure possibles, on peut citer comme facteurs de risques le fait qu'un membre du foyer fiscal reste en France, qu'un dirigeant continue d'exercer des mandats sociaux au sein d'entreprises françaises ou que les revenus de ces nouveaux expatriés soient majoritairement de source française…

La situation de chacun doit donc être analysée avec beaucoup de vigilance car, en cas de redressement, l'expatrié devra s'acquitter de son imposition, de l'intérêt de retard (0,2% par mois de retard) et de pénalités d'au moins 10%. Et cela sur un minimum de trois années.

Et l'exit tax ?

L'expatrié pourra théoriquement imputer sur l'impôt français l'impôt émirati acquitté à raison de sa plus-value mais dans la mesure où il n'y a pas d'impôt aux Émirats Arabes Unis, l'intégralité de l'impôt français bénéficiant d'un sursis de paiement sera dû à la France.

Précisons néanmoins que pour les expatriés concernés par le dispositif d'*exit tax*, un dégrèvement de l'impôt mis en sursis de paiement est possible après deux ou cinq années de résidence émiratie selon la valeur des titres détenus. Mais pour certains d'entre eux, ce dégrèvement devrait avoir une portée limitée dans la mesure où la convention conclue entre la France et les Emirats contient une clause de « participation substantielle » qui donne à la France le droit d'imposer les plus-values réalisées par un résident émirati qui détient plus de 25% du capital d'une société française. Même sans exit tax, un résident fiscal émirati restera donc souvent redevable d'une imposition française à raison de sa plus-value.

En conclusion :

Sous les réserves expliquées ci-dessus, vous pouvez potentiellement gagner votre salaire à 100 % sans impôt à Dubaï si vous résidez dans l'émirat et si vous n'avez aucune autre obligation envers un autre État en ce qui concerne le paiement de l'impôt sur les revenus gagnés à l'étranger.

<u>Bulgarie</u>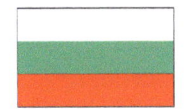

Ce pays peut être considéré par certains comme un paradis (fiscal). Le taux d'imposition sur le revenu de 10% (un des plus faibles d'Europe) et sur les sociétés de 10% (le plus faible d'Europe) fait de la Bulgarie un des pays européens les plus avantageux sur le plan fiscal. De plus, les prix de l'immobilier sont très faibles, ce qui attire de plus en plus d'investisseurs, en particulier dans les quartiers les plus en vue de la capitale, Sofia.

Il existe cinq types de taxes en Bulgarie : l'impôt sur le revenu des personnes physiques, l'impôt sur les sociétés, les impôts et taxes locaux, la TVA et les cotisations sociales.

La Bulgarie faisant partie de la Communauté économique européenne, il n'y a aucun droit de douane à l'exportation ou à l'importation à l'intérieur de l'espace européen.

Sont imposables en Bulgarie,

les personnes répondant à une ou plusieurs des conditions suivantes : posséder une adresse permanente en Bulgarie, avoir passé plus de 183 jours en Bulgarie sur l'année fiscale (du 1er janvier au 31 décembre) concernée par la déclaration d'impôts, avoir été muté à l'étranger par une entreprise ou le gouvernement bulgare et enfin posséder ses biens personnels et autres comptes bancaires en Bulgarie (c'est la notion de centre d'intérêt économique et vital).

Les personnes résidant en Bulgarie sont soumises à l'impôt sur leurs revenus générés dans le monde entier. En revanche, les non-résidents ne sont imposables que sur leurs revenus de source bulgare.

Sont considérés comme imposables les revenus suivants :

- revenus générés en tant qu'auto-entrepreneur ou toute autre activité économique
- salaires
- loyers
- transfert de titres

Impôt sur le revenu

Tout revenu généré au cours de l'année fiscale est imposable durant cette même période. Le taux est fixé à 10 % pour les salariés d'entreprise. Les auto-entrepreneurs sont imposables à hauteur de 10 % sur le revenu net. Les dividendes sont taxés à 5 % et, s'ils sont payés par une entreprise bulgare, ils sont retenus à la source.

Le taux d'impôt sur les dividendes est de 5 %.

Abattements

Il existe des abattements, conduisant à payer plus ou moins d'impôt sur le revenu perçu. Par ailleurs, les intérêts bancaires provenant d'un compte au sein d'une banque de l'Union Européenne ou de la Zone économique européenne sont exemptés de toute taxation.

Déclaration d'impôt sur le revenu

Si vous travaillez en tant que salarié avec un contrat de travail uniquement, vous n'êtes pas tenu de faire une déclaration d'impôts.

Vous devez le faire si vous êtes indépendant ou si vous travaillez à la fois comme salarié et comme indépendant

La date limite pour la déclaration de revenus est fixée au 15 avril pour les particuliers. Afin de compléter le formulaire, il est fortement recommandé de recourir aux services d'un comptable. En effet, l'alphabet cyrillique et la langue bulgare n'étant pas maîtrisés par tous et la fiscalité bulgare s'avérant quelque peu délicate, il est préférable de faire appel au savoir-faire d'un professionnel afin d'éviter toute erreur.

Par ailleurs, outre le formulaire de déclaration de revenus, les contribuables sont aussi tenus de fournir une liste de documents. Dans le cas des salariés, ceux-ci sont préparés par l'employeur. Pour les auto-entrepreneurs et autres propriétaires de biens immobiliers percevant des loyers, les reçus et quittances devront venir compléter le dossier. Si des déductions d'impôts ont été effectuées dans un autre pays, le contribuable résidant en Bulgarie est tenu de présenter un document faisant mention du montant payé à l'étranger. D'autres documents peuvent être demandés dans certains cas. La liste est disponible sur le site de l'Agence nationale des revenus en Bulgarie.

Comment faire sa déclaration ?

Trois moyens peuvent être employés pour effectuer sa déclaration de revenus : en personne, auprès d'un bureau représentant l'Agence nationale des revenus, par la poste, en courrier recommandé avec accusé de réception et enfin par voie électronique si vous disposez d'une signature électronique universelle.

Inscription au bureau des impôts

Toute inscription individuelle, si elle n'est pas prise en compte par l'employeur, doit se faire auprès du bureau représentant l'Agence nationale des revenus de la localité de résidence en Bulgarie. En effet, outre l'encaissement des divers paiements de taxes, le bureau est aussi habilité à procéder à l'inscription des individus pour leurs déclarations de revenus. Cependant, quoi qu'il advienne, le Registre du commerce et l'Agence nationale des revenus sont en étroite collaboration et les informations personnelles des contribuables sont communiquées entre les deux entités.

Pour les propriétaires de véhicules

Il existe également d'autres taxes en Bulgarie, dont la taxe sur les véhicules. Elle doit être payée entre le 1er mars et le 30 avril auprès de la mairie auprès de laquelle l'enregistrement du véhicule a été effectué. Il est aussi possible d'effectuer le paiement par virement bancaire : le numéro de compte du département des taxes ainsi qu'un code devront alors être demandés par le payeur. Enfin, la possibilité est également donnée d'acquitter la taxe de véhicule en ligne sur le site du département des taxes.

Tout propriétaire de véhicule doit pourvoir celui-ci d'une vignette équivalant à la taxe routière. Elle permet de circuler dans les zones rurales et peut être payée pour une période définie : à la journée, à la semaine, au mois ou encore à l'année. Il est également possible de faire l'acquisition d'une vignette à la frontière de la Bulgarie ou encore dans les bureaux de poste et autres stations essence.

La TVA

Il existe deux taux de TVA en Bulgarie. Tous les produits et services courants et généraux sont taxés comme en France à 20 %. Un taux réduit de 9 % est appliqué notamment sur les activités touristiques (hôtels, musées, châteaux, monuments historiques, etc.).

Impôt immobilier

Selon les municipalités, les propriétaires de biens immobiliers en Bulgarie sont tenus de payer un impôt annuel sur la valeur de l'immobilier. Le taux varie selon l'usage de l'immeuble à des fins résidentielles ou commerciales. Il varie entre 0,01 et 0,45 % de la valeur de l'immeuble. L'impôt est à payer au début de chaque année. Ces impôts sont généralement plus faibles dans les zones rurales.

Tous les frais de transfert de propriété de l'Etat et de notaire sont compris entre deux et cinq pour cent.

Il n'existe pas de taxe d'habitation.

Taxation des plus-values

Le taux de taxation des plus-values en Bulgarie est un taux forfaitaire de 10 pour cent. Les gains en capital sont généralement imposés comme un revenu. Toutefois, les actifs suivants sont exonérés :

- une propriété résidentielle par an, indépendamment du moment acquis si elle est utilisée comme domicile principal ou non, et possédée depuis plus de 3 ans.
- deux propriétés qui n'ont pas été la résidence principale du contribuable, si possédées depuis plus de cinq ans.
- tous terrains agricoles et forestiers à condition qu'ils aient été possédés pendant au moins cinq ans.
- les voitures et les autres véhicules routiers, les avions et les navires possédés depuis au moins un an
- les actifs reçus par donation
- certains types de biens meubles y compris les actions d'une société cotée bulgare.

Succession et Impôt sur les dons

Les résidents de la Bulgarie sont passibles de droits de succession sur les biens situés en Bulgarie et à l'étranger. Les non-résidents de la Bulgarie sont passibles de droits de succession sur les biens situés en Bulgarie. C'est le bénéficiaire qui paie l'impôt. Des héritages reçus par le conjoint survivant et des parents directs sont dispensés.

Frères, sœurs, neveux et nièces qui héritent vont payer les droits de succession de 0,4 à 0,8 pour cent sur les montants reçus supérieurs à BGN 250 000. Tous les autres bénéficiaires paient les droits de succession au taux de 3,3 pour cent à 6,6 sur les montants supérieurs à BGN 250,000.

L'impôt sur les dons est du en fonction de la relation entre le donneur et le bénéficiaire. Les conjoints et les héritiers en ligne directe sont une exception. Dans tous les autres cas, les taxes sont les suivantes:

– de 0,4 à 0,8% pour les dons entre frères et sœurs et leurs enfants, et

– de 3,3 à 6,6% pour tous les autres bénéficiaires.

Double crédit d'allégement fiscal

Mis à part les crédits d'impôt accordés aux termes d'un double traité fiscal, la Bulgarie donne un allégement fiscal unilatéral, sous forme de crédit d'impôt, pour les impôts sur le revenu payés à l'étranger, sur le revenu qui est également imposable en Bulgarie.

Le montant du crédit disponible est le plus faible de l'impôt étranger payé sur le revenu ou l'impôt bulgare dû sur ce revenu.

Monaco

La principauté de Monaco, avec son offre de loisirs haut de gamme et sa sécurité reconnue continue d'attirer de nombreux résidents provenant de différents pays, notamment d'Italie, de Russie et plus récemment de Suisse.

Le principe général de la fiscalité monégasque est l'absence totale de toute imposition directe, confèrent les informations du site internet du micro-Etat. Au moins c'est clair ! Mauvaise nouvelle, ces avantages bénéficient à tous les résidents monégasques SAUF aux Français (depuis 1962). Les Français qui vivent à Monaco sans avoir la nationalité monégasque sont donc assujettis à l'impôt sur le revenu français…

Il leur faudra donc acquérir une seconde nationalité au préalable et renoncer ensuite à la nationalité française si elles désirent bénéficier du régime fiscal monégasque.

Pour les expatriés, l'obtention de la résidence monégasque nécessite notamment de pouvoir démontrer une situation de fortune importante et donc de pouvoir vivre à Monaco sans avoir besoin d'y travailler (qu'il s'agisse d'une résidence louée ou achetée). Le requérant à la résidence monégasque doit par ailleurs ouvrir un compte bancaire à Monaco et y déposer un minimum de 500.000 euros.

L'une des caractéristiques de la Principauté est donc la douceur et la souplesse de sa fiscalité pour les personnes physiques. On doit cette exonération totale d'imposition au Prince Charles III, qui la rendit officielle par une ordonnance en 1869. Dans la Principauté, les seuls contribuables sont les entreprises, qui paient l'impôt sur les bénéfices des activités industrielles et commerciales. Pour les autres, c'est un véritable paradis : le rocher ne recense ni impôt sur la fortune, ni taxe foncière, ni taxe d'habitation.

Imposition des salaires perçus à Monaco

Les Monégasques et les résidents de la Principauté, à l'exception des nationaux français régis par la Convention bilatérale franco-monégasque de 1963, ne sont pas soumis à un impôt sur le revenu. Toutefois, l'absence de l'impôt sur le revenu des personnes physiques ne concerne que les activités ou les personnes établies effectivement et réellement sur le territoire de la Principauté. Ainsi, la législation en vigueur dans les autres états est respectée. Pas de retenue à la source pour les habitants de Monaco donc. Mais qu'en est-il des résidents français travaillant à Monaco ? Qui va prélever l'impôt ?

Les Français à Monaco

En Europe, d'une manière générale, la plupart des systèmes fiscaux contiennent des clauses concernant l'imposition des travailleurs non résidents du pays où ils exercent leur activité professionnelle. Pour les pays limitrophes de la France, qui sont Monaco, Andorre, Le Luxembourg, la Belgique, l'Allemagne, l'Italie, la Suisse, et l'Espagne, des conventions ont ainsi été signées en vue d'éviter la double imposition.

L'imposition des travailleurs français à Monaco a elle aussi fait l'objet d'une convention signée le 18 mai 1963 à Paris, et entrée en vigueur le 1er septembre de cette année.

Deux possibilités se présentent, selon que vous percevez des revenus d'origine française ou monégasque :

- si le salaire perçu à Monaco provient d'une entreprise de droit

français ou si la pension de retraite est versée par une Caisse de retraite française, aucun doute possible: il faut remplir la déclaration de revenus française habituelle (n° 2042), comme tous les Français de l'Hexagone. Vous serez prélevé à la source.
- si, en revanche, vous travaillez pour une entreprise ou une administration monégasque, alors là, vous devrez déclarer vos revenus sur l'imprimé n°2047 (déclaration des revenus de source étrangère) et les reporter sur la déclaration d'ensemble des revenus n° 2042.

Pour les ressortissants français, il faut distinguer deux situations :

- les Français pouvant justifier de 5 ans de résidence à Monaco au 31/10/1962 : ils rentrent dans le cadre général du système d'imposition monégasque
- les autres résidents français, eux, sont soumis à l'impôt sur le revenu français perçu à son profit par l'administration française.

Fiscalité des successions à Monaco

Droit de succession à Monaco : des taux différents par parenté.

Les droits de succession ou de donation s'appliquent aux biens situés sur le territoire de la Principauté ou qui y ont leur assiette, quels que soient le domicile, la résidence ou la nationalité du défunt ou du donateur (sous réserve des dispositions de la convention franco-monégasque du 1er avril 1950). Comme partout ailleurs, le taux d'imposition dépend du degré de parenté entre le défunt et son héritier :

- en filiation directe parents-enfants ou entre époux : 0%
- entre frères et sœurs : 8%
- entre oncles, tantes, neveux et nièces : 10%

- entre collatéraux autres que frères, sœurs, oncles, tantes, neveux ou nièces : 13%
- entre personnes non parentes : 16%

À Monaco, les plus-values réalisées sur les gains lors de la cession de valeurs mobilières ne sont pas imposées. Par contre, concernant la vente de biens immobiliers en France, l'imposition reste française.

La taxe sur la valeur ajoutée (TVA) est perçue sur les mêmes bases et aux mêmes taux qu'en France ; le régime de la TVA intra-communautaire est applicable depuis le 1er janvier 1993.

Les droits d'enregistrement, ils concernent :

- les actes notariés
- les actes judiciaires
- les actes extra-judiciaires
- les déclarations de succession
- les baux
- les actes de cession de fonds de commerce
- certains actes sous-seing privés à établir en trois exemplaires sur papier timbré, comme

Ils sont perçus, à l'occasion de la formalité de l'enregistrement, soit à un taux proportionnel (taux usuels compris entre 0,5% et 7,5%), soit au taux fixe (de 10 €).

Les droits de timbre, un impôt qui s'applique à tous les papiers destinés aux actes civils et judiciaires. Ils peuvent être fixes, ou calculés en fonction de la dimension du papier concerné.

Les droits de régie, sur la circulation et la consommation d'alcool. Et enfin trois taxes supplémentaires :

- Taxe sur les conventions d'assurance
- Taxes sur les boissons
- Taxe sur les métaux précieux

Les droits et taxes sur les boissons et les métaux précieux sont soumis en Principauté de Monaco à une réglementation identique à celle qui leur est appliquée en France ; ils sont établis sur les mêmes bases et aux mêmes tarifs.

Les Bahamas

Paradis fiscal bien connu, l'archipel des Bahamas ne faillit pas à sa réputation. Il est attractif à la fois pour les particuliers avec un impôt sur le revenu de 0%, impôt sur les successions et la fortune de 0 %mais aussi pour les sociétés, avec un taux d'imposition de… 0%. Quelques grosses sociétés sont toutefois soumises à un léger impôt. Ce n'est qu'en 2015 que les Bahamas ont introduit la TVA, avec un taux de 12 %. Le taux de base en France, on le rappelle, est à 20 %.

Mais les Bahamas sont très loin d'être un "paradis fiscal" avec zéro impôt tel que l'on se le représente. A l'exception, en effet, des droits de succession et de l'impôt sur le revenu (qui sont inexistants), de même que l'impôt sur la fortune, un vrai système de taxation est en place pour faire tourner les infrastructures publiques du pays et de son gouvernement.

Établissement de de la résidence aux Bahamas

Un non-Bahamien peut entrer aux Bahamas en tant que visiteur pour une période initiale pouvant aller jusqu'à deux mois. Pendant ce temps, le visiteur peut demander un permis de résidence au ministère de l'Immigration. Il peut prendre la forme des trois types suivants :
- permis de résidence annuel
- permis de séjour permanent
- carte de résidence en tant que propriétaire d'un bien immobilier

Ces trois moyens d'établir votre résidence aux Bahamas vous donnent le droit de résider dans les îles, à condition que vous disposiez de moyens financiers suffisants et que vous ne cherchiez pas un emploi aux Bahamas.

1) Vous pouvez demander une résidence annuelle renouvelable chaque année. Il n'y a pas besoin d'être propriétaire d'un bien aux Bahamas, un contrat de location peut suffire.
Si vous êtes accepté, les frais annuels s'élèvent à 1 000 $ plus 25 $ pour toute personne à charge nommée mentionnée sur votre permis.

2) Tous les non-Bahamiens qui possèdent des biens immobiliers sur l'une des îles sont admissibles à la carte de résident en tant que propriétaire. La carte est annuelle et, tant qu'elle est valide, elle donne à votre conjoint et à vos enfants mineurs le droit de faire plusieurs entrées aux Bahamas et de rester dans le pays.

3) Alternativement, si vous recherchez une résidence permanente aux Bahamas, vous pouvez établir la résidence par le biais de votre propriété. La résidence permanente est un statut délivré aux expatriés « à vie », sauf révocation, et leur donne le droit de vivre et / ou de travailler, mais pas le droit de voter aux Bahamas.

Si vous pouvez vous permettre d'acheter une propriété des Bahamas d'une valeur supérieure à 250 000 $, il est normalement relativement simple d'obtenir votre résidence permanente. La plupart de ces demandes sont automatiquement approuvées par la commission de l'immigration.

A noter que pour un investissement supérieur à 500 000 $ vous recevrez un traitement accéléré de votre demande de résidence

L'avantage de l'acquisition de ce type de résidence permanente est qu'elle ne peut être révoquée que dans des circonstances exceptionnelles (crime grave ou si vous quittez les Bahamas pendant plus de 3 ans d'affilés).

Avantages et inconvénients de vivre aux Bahamas

Les Bahamas sont très flexibles en ce qui concerne le nombre de jours que vous devez rester en résidence.
En supposant que vous ayez choisi l'un des 3 types de résidence énumérés ci-dessus, vous pouvez pratiquement aller et venir à votre guise. Cela peut signifier que vous pouvez avoir votre résidence aux Bahamas, mais vivre une bonne partie de l'année ailleurs.
Bien entendu vous ne pouvez pas vivre de façon prolongée dans un autre pays en particulier sans y payer des impôts (exemple vous vivez plus de 6 mois en France et êtes donc imposable en France).
Rappel, si vous avez des actifs dans d'autres pays (comme de l'immobilier par exemple) l'imposition des éventuelles rentes locatives ou plus-values sur la cession d'un bien est quasiment toujours imposée dans le pays où se situe géographiquement le bien.
Dernier élément à prendre en compte est le coût de la vie important aux

Bahamas. Les coûts pour l'éducation privée des enfants, les coûts des soins de santé, de l'alimentation sont à prendre en considération.

Par ailleurs, aucune convention fiscale ne lie la France avec les Bahamas, les règles générales de domiciliation fiscale française s'appliquent en particulier la durée de séjour de 183 jours par an sans qu'il soit nécessaire de faire valoir sa qualité de résident fiscal aux Bahamas.

L'examen de ce système particulier de taxation va permettre de réaliser quel est le vrai "coût fiscal" de l'installation dans ce pays. Et de constater, finalement, que votre imposition dépendra fortement non pas de votre revenu mais surtout de votre train de vie :

Taxe sur la valeur ajoutée (Value Added Tax -VAT -)

Instaurée en Janvier 2015 à 7.5%, la taxe sur la valeur ajoutée (VAT) est désormais de 12% depuis le 1er Juillet 2018. La VAT s'applique sur pratiquement tous les produits de consommation courante, mais aussi sur les factures d'activités de services.

Taxe sur la propriété (Real Property Tax – RPT -)

Si vous êtes propriétaire de votre résidence, la taxe de propriété se paye annuellement et fonctionne par paliers décomposés de la manière suivante :

- tranche allant de 0 à $ 250 000 : 0 % (si occupation par le propriétaire)
- tranche allant de $ 250 000 à 500 000 $: 0,75 %
- tranche au-delà de $ 500 000 $: 1 %

Voici deux exemples concrets de l'application de la RPT:

Si vous êtes propriétaire d'une maison de $ 650,000 votre impôt sera de

$ 3375 par an. Si vous êtes propriétaire d'une maison de $ 1,000,000 votre impôt sera de $ 6,875 par an

A noter qu'il existe un plafond de $ 50,000 par résidence et que cet impôt ne dépassera donc jamais cette somme pour une maison occupée par son propriétaire d'une valeur supérieure à $ 5,312,500

Cet impôt est en général réclamé à la mi-octobre et doit être payé avant le 31 Décembre afin d'éviter une majoration forfaitaire de 5%.

Impôt local (Land tax – LT -)

Les non-bahamiens propriétaires d'un terrain (constructible ou non) doivent acquitter un impôt de $ 100 pour un terrain d'une valeur inférieure à $ 7,000, au-delà de ce montant, cet impôt représentera 2% de la valeur de marché du terrain.

Si vous êtes propriétaire d'un terrain de $ 100,000 votre impôt sera donc de $ 2,000 par an.

Droit de timbre (Stamp Duty)

Le droit de timbre est une autre forme d'imposition dont vous devrez vous acquitter pour certains actes civils. Selon l'acte, ce montant peut être fixe ou proportionnel. Il faut surtout considérer dans vos calculs le montant de cet impôt dans le cadre d'une transaction immobilière.

En effet, l'acte de "Conveyances" qui consiste au transfert du titre de propriété d'un bien foncier d'une personne à une autre nécessite l'acquittement d'un droit de timbre de 10%.

Droits de douanes (Custom Duty)

Les droits de douanes Bahamiens sont très élevés et complexes mais représentent surtout la plus grande source de revenu du gouvernement

Bahamien. Le droit de douane moyen est de 45% (hors produit agricole) de la valeur déclarée, et il faut ajouter à ce nouveau total taxé, une TVA à 12% mais il y a aussi beaucoup d'exceptions avec des produits à 25%, 35%, 10% ou "Tax Free".

Que vous importiez vous-même d'Europe ou des USA, ou que vous achetiez sur place aux Bahamas, le prix de vos dépenses courantes en sera forcément majoré et votre imposition dépendra beaucoup en fin de compte de votre train de vie aux Bahamas.

Cet impôt est particulièrement élevé lors de l'installation si vous devez importer vos meubles, ainsi que de l'audio/vidéo/électroménager. De même lors de l'achat de votre véhicule puisque cet impôt est de 65% pour les voitures (25% si la voiture est hybride ou électrique)

Si vous ajoutez à cela les coûts logistiques pour transporter les produits sur l'île, alors il est prudent de prévoir de tout payer + 60% plus cher pour le reste de vos dépenses courantes.

Bureau d'assurance national (National Insurance Board – NIB -)

Depuis 1972, les Bahamas ont un système complet de sécurité sociale (maladie, invalidité, maternité, retraite, décès, accident du travail, chômage) couvrant tout résident bahamien dans le besoin. Chaque résident ayant une activité professionnelle rémunérée aux Bahamas (en tant qu'employé, chef d'entreprise, ou auto-entrepreneur) a le devoir de s'inscrire au NIB et de payer une cotisation de 9.8% (3.9% sont à la charge de l'employé et 5.9% à la charge de l'employeur) du salaire net. Cependant cet impôt est plafonné à un revenu maximum imposable (et assurable) de $ 2,817 par mois.

Si vous êtes résident Bahamien sans le droit de travailler vous n'êtes pas concerné par cet impôt de même que si vos revenus ne proviennent pas d'un salaire mais d'une rente, de vos dividendes, de revenus locatifs ou de tout autre source de revenu non salarié.

Si vous êtes résident Bahamien avec un salaire de $ 6,000 par mois, le montant de votre cotisation obligatoire à la sécurité sociale ne dépassera donc jamais les $ 276 par mois ce qui représente dans cette situation 4.6% de votre salaire.

Voici, par exemple, le coût fiscal d'installation aux Bahamas dans l'hypothèse d'un particulier, salarié, qui achète une maison de $ 800,000 afin d'obtenir la résidence permanente.

S'il dépense $ 5,000 par mois dont $ 1,000 pour importer des produits des USA, les droits fiscaux représentent :

- VAT à 12 % par an sur les dépenses courantes de $ 4000 par mois : $ 5760 par an
- droits de douane à 45 % plus VAT à 12 % sur les $ 1000 d'importations mensuelles : $ 8697 par an
- NIB (Social Security) sur son salaire : $ 1,319 par an

Soit un sous- total de $ 15,776

auquel d'ajoute le droit de Timbre (Stamp Duty) à 10% sur l'achat de la maison: $ 80,000

soit un total de $ 95 776 (15 776 + 80 000)

Pour un particulier qui gagne $120,000 par an et reste 5 ans aux Bahamas, iI se sera donc acquitté au total de $ 158 880 (80 000 + 5x15 776) soit **26,50 % des revenus**, où en cas de non acquisition du statut de résident, $ 78,880 d'impôts soit **13.13% de ses revenus** sur cette même période.

Dans l'hypothèse d'un particulier gagnant $ 60 000 par an et dépensant $ 3 000 par mois dont $ 1 000 de produits importés des USA, en 5 ans, les impositions se seront élevées à $ 119 440 soit 39,50 % des revenus, en cas d'acquisition du statut de résident, ou $ 39 440 à l'inverse, soit 13,13 % des revenus.

L'expatriation aux Bahamas en tant que résident est donc bien réservée aux personnes disposant de revenus et/ou d'une fortune significatives.

L'île Maurice

La petite île, située à l'Est de Madagascar, n'est pas seulement une destination paradisiaque… elle offre également un cadre fiscal plus qu'avantageux. L'Organisation de coopération et de développement économique (OCDE) a même classé le pays dans sa liste des pays les plus « vertueux » en matière de fiscalité. Et on le comprend : il n'y a pas d'impôt sur la fortune et sur les droits de succession (du moins pour les descendants directs). Le taux d'imposition moyen sur le revenu est de 15%, la TVA est de 15%, et le taux d'impôt sur les sociétés est compris entre 3 et 15% (avec une exemption totale pour les entreprises d'import-export).

L'installation à l'Ile Maurice nécessite toutefois au préalable l'obtention d'un permis de résidence :

- le permis de résidence « retraité » : il concerne les personnes de plus de 50 ans qui doivent pour l'obtenir verser chaque année 30 000 $ sur un compte en banque mauricien ; il est délivré pour 3 ans renouvelable 3 ans puis 10 ans ;

- le permis « Occupation Permis » qui permet de vivre et travailler à l'Ile Maurice, à condition de gagner plus de 30 000 $ par an , délivré pour 3 ans renouvelable 3 ans puis 10 ans

- le permis de « résident permanent » d'une durée illimitée sous condition d'un investissement dans l'Ile de 500 000 $

L'île Maurice est fiscalement paradisiaque pour les Français qui, à la vision de leurs différents avis d'imposition, savent pourquoi notre beau pays figure en première position des plus taxateurs de l'OCDE. Comparons donc les impôts français et mauriciens, et vous aurez vite fait le compte des économies que vous réaliserez en emménageant à l'ombre des cocotiers.

Un taux unique pour l'impôt sur le revenu

Commençons par vos revenus : les salaires, pensions de retraite du secteur privé (les pensions de retraite du secteur public français sont imposables en France), bénéfices professionnels et revenus fonciers sont taxés à un taux de 15 %.

Continuons avec les plus-values immobilières, ponctionnées en France à hauteur de 36,2 %, et les revenus mobiliers, qui, eux, supportent un prélèvement forfaitaire de 30 %. A Maurice, ils sont exonérés. Quant aux impôts locaux, ils n'existent pas, alors qu'ils sont de plus en plus élevés dans notre pays. L'impôt sur la fortune immobilière (IFI) est totalement inconnu sur l'île.

Et, pour terminer, donations et successions échappent à tous droits, et ce, quel que soit le lien de parenté entre le donateur/défunt et le donataire/héritier.

Livrons-nous à un petit calcul et prenons l'exemple de Christian, marié, retraité, ses enfants n'étant plus à charge. Sa fortune taxable est de 2 millions d'euros. Il possède une belle maison en région parisienne. Son revenu imposable est de 160 000 euros (30 000 euros de retraite, 100 000 euros de revenus fonciers et 30 000 euros de revenus mobiliers). En France, il versera 36 587 euros d'impôt sur le revenu, 7 400 euros d'impôt sur la fortune immobilière et 5 000 euros de taxe foncière.

Si l'on y ajoute 15 500 euros de cotisations sociales sur ses revenus fonciers, on arrive à un montant total de 64 487 euros, soit 40,3 % de prélèvements.

A situation équivalente à l'île Maurice, il paiera en tout et pour tout 19 500 euros d'impôt sur le revenu (15 % d'impôt calculé sur les revenus fonciers et les revenus mobiliers soit 15 % de 130 000 €). Le taux global est donc de 12,2 %. Ces chiffres se passent de commentaires.

L'économie d'impôt s'élève à 44 987 euros, ce qui représente un sacré gain de pouvoir d'achat puisqu'en dix ans de séjour à l'île Maurice, Christian aura ainsi préservé près d'un demi-million d'euros !

Il convient, cependant, de modérer cet enthousiasme, car si la convention fiscale signée entre la France et l'île Maurice est favorable (voir ci-dessous), elle autorise l'administration française à taxer certains revenus. Si vous conservez sur le territoire national des immeubles locatifs, vos loyers y seront imposés comme si vous y résidiez. Si vous maintenez un portefeuille de valeurs mobilières, les dividendes supporteront une retenue à la source de 15 %, en revanche, vos plus-values seront exonérées.

Il faut donc impérativement apurer votre situation et garder le moins d'actifs possibles en France. Dans la pratique, mieux vaut vous contenter d'un pied-à-terre de dimension modeste et d'un compte courant peu fourni. Ainsi, vous n'atteindrez pas le seuil de taxation à l'IFI (1,3 million d'euros) et le Fisc ne sera pas tenté de considérer que vous restez résident en France puisque l'essentiel de vos actifs n'y sont plus.

L'avantageuse convention fiscale franco-mauritienne :

La France et l'île Maurice sont liées par une convention fiscale bilatérale signée le 11 décembre 1980 et modifiée en 2011. Elle reprend la convention modèle de l'OCDE, en l'adaptant. Pour être considéré comme résident fiscal mauricien, il vous faudra donc résider sur l'île au minimum six mois dans l'année. Vous y bénéficierez alors de son régime fiscal particulièrement favorable.

La convention présente un autre avantage important pour tous ceux qui, assujettis à l'impôt sur la fortune immobilière (IFI), voudraient acheter un bien à l'île Maurice, lequel, sera dans un premier temps, une résidence secondaire avant de devenir, par la suite, la résidence principale.

Normalement, selon notre Code général des impôts, un contribuable habitant en France doit déclarer l'ensemble du patrimoine qu'il détient sur notre territoire comme à l'étranger. La convention entre les deux pays déroge à cette règle. Si vous achetez une villa le long d'une belle plage mauricienne, celle-ci échappera à l'impôt sur la fortune immobilière français. Vous diminuez ainsi votre assiette taxable et vous pouvez ainsi échapper à l'IFI en toute légalité. Un atout non négligeable pour tous ceux qui souhaitent s'imprégner de la vie locale avant de sauter le pas pour cette île lointaine de l'océan Indien.

Enfin, l'article 23 de la Convention fiscale signée entre la France et l'Ile

Maurice (avenant du 23 juin 2011) dispose que les revenus obtenus de la location d'un bien immobilier à l'Ile Maurice sont imposables uniquement à l'Ile Maurice (et donc à 15%) et non en France.

Portugal

Vous vous étonnez de trouver le Portugal dans ce top ? En vérité, cela ne fait pas très longtemps qu'il y figure. Pour comprendre, il faut remonter à la crise financière de 2007. L'Europe est sévèrement touchée, et le Portugal n'y échappe pas. Pour relancer la croissance, le pays a fait passer le 23 septembre 2009 un décret-loi concernant les étrangers venant s'installer au Portugal : il a eu pour objet la mise en place du **statut de résident non habituel (NRH)**, avec lequel les expatriés pouvaient bénéficier d'un taux d'imposition avantageux pour certains revenus portugais, et pouvaient aussi être exemptés d'impôt sur les revenus de source étrangère. De nombreux retraités français profitent de ce système très avantageux (attention : les retraites de la fonction publique française demeurent cependant imposables en France).

Les bases du système fiscal portugais actuel ont été fixées au milieu des années 1980 dans le cadre de l'harmonisation de la législation nationale avec les diverses directives européennes adoptées en la matière. Par la suite ont été mises en oeuvre plusieurs réformes significatives ces dernières années qui conduisent à un système fiscal comparable à celui d'autres Etats membres de l'Union Européenne, notamment l'Allemagne, l'Espagne, la Grande-Bretagne ou encore l'Irlande.

Celle entrée en vigueur en 1989 a introduit deux nouveaux impôts :

- l'impôt sur le revenu (IRS)
- l'impôt sur les sociétés (IRC)

L'impôt sur le revenu est prélevé à la source, directement sur le bulletin de paye des salariés et fonctionnaires.

L'administration fiscale portugaise, l'ATA (*Autoridade Tributária e Aduaneira*), classe les revenus en 6 catégories :

- A : revenus Salariaux
- B : revenus des entreprises et des travailleurs indépendants
- C : activités industrielles et commerciales
- D : activités agricoles
- E : revenus de capitaux
- F : revenus fonciers
- G : plus-values
- H : pensions (retraites, pensions d'invalidité, de réversion et autres pensions alimentaires)

Une réforme en date du 1er janvier 2006 a mis en place un nouveau mode de déclaration fiscale par voie électronique, obligatoire pour :

- les entreprises,
- les professions libérales
- les entrepreneurs

La période de déclaration est comprise entre le 1er avril et le 31 mai.

Comme dans la plupart des pays, des déductions fiscales sont possibles pour un large éventail de dépenses, telles que les dépenses d'éducation et de santé, les cotisations de retraite et les dons de bienfaisance.

Vous pouvez envisager d'engager un comptable, si vous n'êtes pas familiarisé avec les exigences de l'administration fiscale portugaise ou si vous ne parlez pas couramment le portugais.

Les taux, tranches et barème de l'impôt sur le revenu au Portugal en 2024

Revenu imposable (€)	Taux (%)
Jusqu'à 7.112	14,5
+ 7.113 à 10.732	23
+ 10.733 à 20.322	28,5
+ 20.323 à 25.075	35
+ 25.076 à 36.967	37
+ 36.968 à 80.882	45
80.882+	48

Les personnes imposables

Tout résident au Portugal doit s'acquitter de l'impôt sur les revenus provenant du Portugal et d'ailleurs dans le monde. Fiscalement, est considéré comme résident portugais toute personne qui réside plus de 183 jours dans le pays et toute personne détenant le permis de résident permanent ou la citoyenneté portugaise. Il est conseillé de vérifier au préalable si votre pays d'origine a conclu avec le Portugal des accords de non double imposition, pour ne pas être doublement taxé.

Si vous travaillez au Portugal, dans une entreprise portugaise ou internationale, votre employeur déduira automatiquement les impôts de votre salaire. Toutefois, vous devez produire une déclaration annuelle de revenus et payer les arriérés, le cas échéant.

Quels impôts pour les retraités résidant au Portugal ?

Contrairement à d'autres pays très attractifs pour les retraités, le Portugal ne demande pas de visa pour s'installer, comme c'est le cas au Maroc ou aux États-Unis. Ceux que l'on nomme les "résidents non habituels" au Portugal doivent dans un premier temps obtenir une autorisation leur permettant de rester 183 jours par an dans le pays. Passée cette période de 183 jours, c'est un permis de séjour qui doit être obtenu, lequel permet la délivrance d'un certificat d'enregistrement valable 5 ans. Après 5 ans, si les résidents souhaitent rester vivre au Portugal ils doivent faire une demande de résidence permanente.

Le gouvernement portugais a attiré de nombreux retraités en proposant une exonération fiscale durant 10 ans sur les pensions de retraite françaises (hors secteur public), sans oublier la non-taxation française. Seule condition : séjourner au moins 6 mois par an au Portugal. Au terme des 10 ans, les retraités sont alors imposés au régime progressif portugais.

L'exonération fiscale de dix années ne s'adresse qu'aux anciens salariés et indépendants, pas aux fonctionnaires.

Le nouveau régime des non résidents habituels (NRH)

Le NHR a été abrogé en 2023. Toutefois, un régime transitoire est en place, de sorte que dans certains cas, il est encore possible de devenir un NHR au Portugal en 2024.

Le régime transitoire du régime NHR au Portugal couvre différents cas :

•Avoir entamé, au plus tard le 31 décembre 2023, une procédure d'octroi d'un visa de séjour ou d'un titre de séjour, auprès des autorités compétentes, conformément à la législation applicable en matière d'immigration en vigueur, à savoir en sollicitant un rendez-vous ou en prenant effectivement rendez-vous pour introduire une demande d'octroi d'un visa de séjour ou d'un titre de séjour, ou en introduisant une demande d'octroi d'un visa de séjour ou d'un titre de séjour ;

•Avoir obtenu un visa de séjour ou un permis de séjour en cours de validité avant le 31 décembre 2023 ;

•Avoir signé, avant le 31 décembre 2023, une promesse ou un contrat de travail, une promesse ou une convention de détachement, dont l'exercice des fonctions doit avoir lieu sur le territoire national ;

•avoir signé, avant le 10 octobre 2023, un bail ou un autre contrat accordant l'usage ou la possession d'un bien immobilier sur le territoire portugais ;

•Avoir conclu, avant le 10 octobre 2023, un contrat de réservation ou un contrat à ordre pour l'acquisition d'un droit réel sur un bien immobilier situé sur le territoire portugais ;

•Avoir, au plus tard le 10 octobre 2023, inscrit ou enregistré les personnes à leur charge dans un établissement d'enseignement domicilié sur le territoire portugais.

Les bénéficiaires du régime transitoire doivent, dans tous les cas, s'enregistrer comme résidents fiscaux au Portugal avant le 31 décembre 2024.

Les NHR au Portugal sont, comme tout autre résident fiscal portugais, tenus de payer l'impôt au Portugal sur tous leurs revenus, y compris ceux obtenus à l'étranger. Toutefois, les NHR bénéficient d'importantes réductions et exonérations de l'impôt sur le revenu des personnes physiques ("IRS") pour certaines catégories de revenus.

Les revenus du travail gagnés à l'étranger sont exonérés d'impôts au

Portugal s'ils sont effectivement imposés dans un autre pays avec lequel le Portugal a conclu une convention de double imposition.

Les revenus des travailleurs indépendants obtenus à l'étranger sont exonérés d'impôts au Portugal s'ils proviennent d'activités considérées comme ayant une forte valeur ajoutée de nature scientifique, artistique ou technique et s'ils peuvent être imposés dans l'autre pays en vertu d'une convention visant à éviter la double imposition. Dans le cas contraire, ils seront imposés au Portugal à un taux forfaitaire de 20 %.

Les NHR appartenant aux catégories professionnelles suivantes peuvent bénéficier d'une exonération ou d'une imposition réduite de 20 % sur leurs revenus :

- PDG et directeur général d'entreprises.
- Directeurs des services administratifs et commerciaux.
- Directeurs de la production et des services spécialisés.
- Gestionnaires d'hôtels, de restaurants, de magasins et d'autres services.
- Spécialistes des sciences physiques, des mathématiques, de l'ingénierie et des techniques connexes.
- Médecins.
- Dentistes et stomatologues.
- Professeur d'université et de collège.
- Spécialistes des technologies de l'information et de la communication (TIC).
- Auteurs, journalistes et linguistes.
- Artistes de la création et du spectacle vivant.
- Techniciens et professions des sciences et de l'ingénierie de niveau intermédiaire.

•Techniciens des technologies de l'information et de la communication.
•Des agriculteurs orientés vers le marché et des travailleurs qualifiés dans les domaines de l'agriculture et de la production animale.
•Travailleurs qualifiés orientés vers le marché dans les secteurs de la sylviculture, de la pêche et de la chasse.
•Ouvriers qualifiés de l'industrie, de la construction et de l'artisanat, y compris les ouvriers qualifiés de la métallurgie, du travail des métaux, de l'industrie alimentaire, du travail du bois, de l'habillement, de l'artisanat, de l'imprimerie, de la fabrication d'instruments de précision, de la bijouterie, des artisans, des ouvriers de l'électricité et de l'électronique.
•Conducteurs d'installations et de machines et ouvriers de l'assemblage, en particulier les conducteurs d'installations et de machines fixes.

Les travailleurs qui exercent les activités professionnelles susmentionnées doivent posséder au moins un diplôme de niveau 4 du cadre européen des certifications ou de niveau 35 de la classification internationale type de l'éducation, ou avoir une expérience professionnelle dûment prouvée de cinq ans.

Autres activités professionnelles : Administrateurs et gérants de sociétés promouvant l'investissement productif, à condition qu'ils participent à des projets éligibles et qu'ils aient des contrats accordant des avantages fiscaux en vertu du Code fiscal des investissements, approuvé par le décret-loi n° 162/2014, du 31 octobre.

Les revenus nets de pension perçus à l'étranger par les résidents non habituels sont imposés à 10 %.

Pour être complet il ne faut pas omettre de citer les avantages offerts par une résidence sur l'île de Madère qui offre la possibilité de bénéficier de l'un des régimes fiscaux les plus favorables d'Europe, dans le cadre du Centre d'affaires international de Madère (CIAM).

Il s'agit d'un régime fiscal préférentiel approuvé par l'Union européenne (UE) en pleine conformité avec tous les traités et lois de l'UE. L'une de ses caractéristiques est le taux de 5% de l'IRC applicable aux revenus générés en dehors du Portugal.

Les résidents non habituels qui choisissent de vivre et de travailler à Madère peuvent créer une société dans le CIAM et bénéficier des avantages suivants, entre autres :

- Taux réduit d'impôt sur les sociétés de 5 % pour les revenus obtenus en dehors du Portugal ;
- Taux forfaitaire réduit de 20 % pour les salaires des travailleurs exerçant des activités considérées comme à haute valeur ajoutée ;
- Régime d'*exonération de participation* applicable dans le monde entier pour les dividendes, les réserves, les plus-values et les moins-values ;
- Crédit d'impôt pour double imposition internationale, juridique et économique ;
- Des réductions considérables du droit de timbre, de l'IMT, de l'IMI, des déversements, de la fiscalité autonome et d'autres frais et coûts.

La taxe d'habitation au Portugal

Il n'existe pas de taxe d'habitation à proprement dit au Portugal, mais un impôt municipal sur les biens immeubles : l'IMI (Imposto Municipal sobre Imóveis). Dû par les propriétaires ou usufruitiers, il se fonde sur la valeur nette taxable des biens immeubles, classés comme propriétés urbaines ou rurales sur le territoire portugais. Collecté par les municipalités, dont il alimente le budget, les taux de l'IMI sont fixés par les mairies et varient entre 0,35 et 0,5% pour les immeubles urbains. Il est dû chaque année et payable en 1, 2 ou 3 échéances, selon la valeur de l'impôt :

- montant inférieur à 250 € : avril
- montant compris entre 250 et 500 € : avril et novembre
- montant supérieur à 500 € : avril, juillet et novembre

Imposition sur l'immobilier :

Comme dans tous les pays, les biens immobiliers au Portugal sont soumis à différents impôts lors de l'achat, la vente et annuellement tant que l'on en est propriétaire.

Lors de l'achat d'un bien immobilier, il faut s'acquitter des impôts suivants :

•L'IMT (Impôt Municipal sur les Transactions), il est calculé en fonction de la destination de l'acquisition (habitation principale ou secondaire, terrain agricole, constructible…) et en fonction de sa valeur (de 0 à 7,5% de la valeur du bien).

•L'«Imposto de Selo» (droit de timbre), il est calculé également sur la valeur du bien. Le taux varie entre 0,8% et 1% de la valeur de vente du bien.

•Les frais d'enregistrements de propriété correspondent aux frais de dossiers et d'actes. Le montant évolue entre 500 € et 1000 € suivant le type de bien.

Lors de la vente, vous pouvez être soumis à l'impôt sur les plus-values immobilières. Le taux d'imposition est de 28% du montant de la plus-value.

L'IMI (Impôt Municipal sur l'Immobilier) est l'impôt foncier annuel. Le taux est fixé par chaque mairie (entre 0,3% et 0,8%) et s'applique sur la valeur estimée du bien.

L'impôt sur les revenus locatif

Si vous louez votre propriété, les revenus perçus seront soumis à l'impôt sur le revenu au taux fixe de 28 % sur le rendement annuel si les revenus sont perçus par une personne physique. Comme en France, les charges d'entretien et les taxes foncières peuvent être déduites de votre revenu foncier.

Imposition sur les véhicules

Votre véhicule doit être enregistré aux « Finanças » et vous devez payer annuellement l'IUC (Impôt Unique de Circulation). Cet impôt est calculé en fonction de la catégorie de votre véhicule et de son ancienneté. Le calcul est directement fait sur le site internet des « Finanças ».

Autres impôts et taxes

Le Portugal continental pratique la TVA sur les achats de biens qui varie entre 6 et 23 %, en fonction du produit vendu. Aux Açores, la taxe sur la valeur ajoutée est légèrement inférieure et se situe entre 5 % et 18 %.

Il n'y a pas d'impôt sur les successions ni sur les donations au Portugal, mais les héritages sont soumis au droit de timbre. Ce droit de timbre s'applique uniquement aux biens situés dans le pays.

Andorre

Si vous n'en avez jamais entendu parler, il s'agit d'un micro-Etat (468km²) situé dans les Pyrénées, entre la France et l'Espagne. En matière fiscale, il est fait une distinction entre les résidents installés en Andorre et les non-résidents. Dans le premier cas, le taux d'impôt sur le revenu varie de 0 à 10 %. Dans le second cas le taux d'imposition est fixe et égal à 10 %. Il s'agit là d'un des taux les plus faibles au monde pour un pays développé ! Tout comme l'île Maurice, il n'y a pas d'impôt sur la fortune ni de droits de succession, et la TVA y est très faible (4,5%). Enfin, l'impôt sur les sociétés est compris entre 0 et 10%.

L'impôt sur le revenu des personnes physiques installées en Andorre (IRPF) : taux variable et maximal de 10%

L'impôt sur le revenu des personnes physiques (IRPF) correspond à un impôt direct et personnel majeur adopté par les autorités andorranes. Il a été entériné par les lois 5/2014 et 42/2014 de l'année 2014. Il repose sur un concept analogue à celui appliqué dans la majorité des pays de l'Union européenne et de l'OCDE. Il concerne l'ensemble des revenus que toute personne est susceptible d'obtenir, indépendamment de leur nature et de leur source (en fonction, quand même, de la situation personnelle et familiale de chacun).

Attention : notez que l'IRPF intègre également les bénéfices des sociétés perçus par un contribuable, alors que ces profits étaient antérieurement imposés à l'IAE (Impôt sur les bénéfices des Activités Économiques).

De fait, l'IRPF est calculé sur le revenu global annuel réalisé par chaque contribuable résidant en Andorre c'est-à dire :
– toute personne qui séjourne sur le territoire d'Andorre pendant plus de 183 jours au cours de l'année civile ;
– toute personne exerçant sur le sol andorran au moins une activité économique, ou alors disposant dans la Principauté d'intérêts économiques engendrant des bénéfices, directs ou indirects

Les différents revenus soumis à l'IRPF sont rangés dans les catégories suivantes :

- les revenus du travail : rémunérations, salaires, traitements et primes

tirés de l'exercice d'un métier ou d'une activité ;
- les revenus issus des biens immobiliers : ils proviennent de l'exploitation des biens immobiliers, en grande majorité des biens locatifs ;
- les revenus découlant des activités économiques : ce sont les revenus des activités commerciales, professionnelles et d'administration. Avant 2014, ils étaient assujettis à l'impôt sur les bénéfices des activités économiques ;
- les revenus des biens ou des droits mobiliers : en fait ceux qui ne sont pas considérés comme des biens immobiliers, tels les intérêts bancaires et les remboursements d'assurance ;
- les revenus provenant du changement de la composition des actifs : gains et pertes de capital. Par contre, les acquisitions à titre gratuit (héritage, don) ainsi que les revenus provenant de la cession de biens immobiliers n'entrent pas dans la catégorie de l'IRPF.

Le taux de l'IRPF est de 10 % pour les revenus totaux supérieurs à 40 000 euros par an.

Ce taux est de 5 % pour les revenus compris entre 24 000 et 40 000 euros et de 0 % en dessous de 24 000 €.

Une déclaration d'impôt doit être déposée par chaque contribuable andorran entre le 1er avril et le 30 septembre de chaque année.

Bon à savoir : les personnes non imposables ne sont pas tenues de déposer une déclaration d'impôts, ni de communiquer de données personnelles et économiques.

Prélèvement à la source :

Depuis le 1er janvier 2015, les employeurs et autres chefs d'entreprise en charge de rémunérer leurs employés sont tenus de pratiquer une rétention appropriée sur les revenus du travail versés à leurs salariés installés en Andorre.

Ce prélèvement d'impôt est réalisé pour le compte du ministère andorran en charge des finances, coordonné par le Département de la fiscalité et des frontières et opéré avec le concours de la CASS, Caisse Andorrane de Sécurité Sociale (Caixa Andorrana de Seguretat Social.)

Imposition des gains du capital

En règle générale, un pourcentage d'imposition fixe de 10% s'applique sur les plus-values financières.

L'impôt sur le revenu des non-résidents (IRNR) : application d'un taux unique de 10 %

L'impôt sur le revenu des non-résidents concerne les personnes ou les entreprises tirant tout ou partie de leurs revenus dans la Principauté d'Andorre, mais ne résidant pas dans la Principauté. Concrètement, sont soumis à l'IRNR :
- les entreprises prestataires de services (entretien, réparation, location immobilière, etc.) ;
- les enseignants, professionnels de la formation, assistants techniques, etc. ;
- les artistes (théâtre, musique) ;
- les employés affiliés à la CASS.

Cas particulier : les travailleurs frontaliers venant d'Espagne ou de France (qui ne sont donc pas installés en Andorre de façon prolongée, à l'année) pour exercer leur activité quotidienne en Principauté ne sont pas considérés comme des résidents fiscaux en Andorre, même s'ils sont employés par des sociétés ou des entreprises résidentes fiscales reconnues et situées sur le territoire.

Deuxièmement, le salaire perçu par ces travailleurs frontaliers et saisonniers est soumis à l'impôt sur le revenu des non-résidents (IRNR). Toutefois, ils peuvent choisir l'application du régime général andorran et règlent alors leurs impôts conformément aux modalités fixées par la Loi sur l'impôt sur le revenu (IRPF).

Notez que, du point de vue de la fiscalité en Andorre, l'IRNR ne s'applique pas aux revenus liés aux intérêts financiers (placements bancaires) ainsi qu'à la vente internationale de marchandises.

Le montant de l'impôt est également prélevé à la source.
Les entreprises de la Principauté travaillant avec les personnes ayant le statut de non résidents fiscaux ont l'obligation de :

- procéder à la retenue de l'IRNR suivant le taux applicable et selon le montant déclaré figurant sur le bulletin de salaire ;
- fournir au travailleur un certificat attestant de la retenue effectuée ;
- présenter au ministère en charge des finances la déclaration de paiement

TVA ; Impôts indirects

Andorre est connue pour son shopping hors taxes, mais en réalité, la plupart des ventes réalisées à l'intérieur des frontières du pays sont soumises à une taxe sur la valeur ajoutée de 4,5%.

Ce taux peut être réduit à 0 %, surtout pour les organismes sans but lucratif, l'éducation et les soins médicaux, 1% sur les produits alimentaires (hors alcool), les livres, journaux et magazines, et 2,5% sur les opérateurs touristiques et l'art.

Un taux majoré de 9,5 % est appliqué aux services bancaires et financiers.

Impôt sur les gains en capital

Le taux nominal de l'impôt sur les plus-values en Andorre est de 10%. Il y a cependant quelques exceptions :
• si vous détenez moins de 25 % du capital-actions d'une entité, vous n'êtes pas assujetti à l'impôt sur les gains en capital.
• ceci est particulièrement intéressant pour les négociants de sociétés cotées en bourse (veuillez noter que les options, les matières premières et autres investissements ne sont pas couverts par cette exemption).
• tout actif détenu depuis plus de 10 ans est exonéré de l'impôt sur les plus-values.

L'impôt sur les plus-values en Andorre s'applique aux investissements dans le monde entier. Lorsque l'impôt au taux Andorran de 10% ou plus a déjà été payé sur cet investissement à l'étranger, il n'est pas imposable localement en vertu de la loi sur la double imposition.

Taxe sur les biens immobiliers

Les biens immobiliers en Andorre ne sont pas soumis aux droits de succession ou de mutation, mais les propriétaires sont assujettis à la fois aux droits d'entrée et à l'impôt sur les plus-values sur les ventes avant 13 ans de détention.

Taxe sur l'achat d'un bien immobilier Andorran

Lorsque vous achetez une propriété en Andorre, vous devez vous attendre à payer deux types d'impôts différents :
1. Impôt fixe : 1,5% du prix de vente payé à la comu (collectivité locale)
2. Impôts de Transmissions Patrimoniales : 2,5% du prix de vente payé au Gouvernement Andorran.

Impôt sur la vente de biens immobiliers Andorrans (Impôt sur les gains en capital)

Les taxes sur la vente sont beaucoup plus variables.
L'impôt sur les plus-values de la propriété Andorrane se situe entre 0% et 15%, le montant que vous payez dépend de la durée de détention du bien.

Le Royaume Uni

Notre voisin britannique offre une fiscalité très intéressante. Comme pour le Portugal, les efforts fournis par le Royaume-Uni pour améliorer sa fiscalité remontent seulement à la crise de 2007. En plus des particuliers, dont les tranches de revenu imposable ont été modifiées (permettant à 424 000 Britanniques de ne plus payer d'impôt sur revenu), le Royaume-Uni a aussi pensé aux sociétés ! A 30% en 2008, l'impôt sur les sociétés est aujourd'hui à 19 % (soit beaucoup moins qu'en France).

La fiscalité au Royaume-Uni est un système complexe. Et cela date de bien avant le Brexit, lequel, pour les trois millions d'Européens dont 300 000 Français vivant en Angleterre, au Pays de Galles, en Écosse et en Irlande du Nord, n'est pas sans conséquence.

Actuellement, afin d'éviter une double imposition en France et en Angleterre aux contribuables expatriés et prévenir l'évasion et la fraude fiscale, une convention fiscale bilatérale en matière d'impôt sur le revenu et sur les gains en capital a été signée à Londres le 19 juin 2008. Entrée en vigueur en France le 18 décembre 2009, elle n'a commencé à s'appliquer qu'aux revenus perçus à partir du 1er janvier 2010. Cette convention est inspirée du modèle établi par l'organisation de coopération et de développement économique (OCDE).

Règles générales des personnes domiciliées fiscalement au Royaume-Uni

En ce qui concerne l'impôt sur le revenu, le taux d'imposition en Angleterre est similaire à ce qui se pratique en Europe occidentale, avec un taux allant de 0 à 45% sur 3 tranches. Voici les taux en vigueur pour 2024 (revenus 2023) :

Tranches de revenus au RU (£)	Taux d'imposition
Jusqu'à 12 500	0%
De 12 501 à 50 000	20%
De 50 001 à 150 000	40%
au-delà de 150 001	45%

Par comparaison, en France, le taux va de 0 à 45% sur 5 tranches :

Tranches de revenus en France (€)	Taux d'imposition
Jusqu'à 11 294	0%
De 11 295 à 28 797	11%
De 28 798 à 82 341	30%
De 82 342 à 177 106	41%
au-delà de 177 106	45%

Ces barèmes anglais et français, en définitive, présentent des similitudes.

Par contre la grande différence est le montant de charges sociales qui est de :

- 13.8% pour l'employeur
- 12% pour l'employé

contre respectivement 54 % et 28 % pour les entreprises françaises.

Et cela pour des prestations sociales assez similaires.

Côté formalités déclaratives, l'impôt sur le revenu des salariés est prélevé à la source : c'est le système PAYE (*Pay As You Earn*), que l'on retrouve également en Irlande. Il s'agit ni plus ni moins d'un système de taux, tranches et barèmes, progressif, déjà en place dans la plupart des pays européens (Allemagne, Espagne, Belgique, Portugal) et maintenant en France depuis le 1/01/2019, où l'impôt est collecté directement par le tiers payeur.

En Europe, la Suisse sera la seule, à partir de 2019, à ne pas appliquer ce mode de recouvrement.

Contrairement à la France, il n'existe pas de foyer fiscal : chaque contribuable est taxé individuellement. L'agence chargée du recouvrement de l'impôt s'appelle HMRC (*Her Majesty's Revenue and Customs*).

En Irlande comme en Angleterre, les contribuables salariés sont dispensés de remplir une déclaration d'impôt puisque celui-ci est est prélevé directement sur les salaires. Cela étant, si vous touchez des revenus annexes en parallèle de votre salaire ou des revenus non salariés, déclarer vos impôts est fortement recommandé. De même si vous percevez des revenus de source étrangère.

Pour les professions libérales, la déclaration est obligatoire.

Comme dans tous les pays d'Europe, le Royaume-Uni applique des abattements sur l'impôt sur le revenu des contribuables âgés. Comme en France, les frais professionnels sont déduits du revenu imposable du contribuable anglais. Il s'agit principalement des frais de déplacement, de matériel, d'équipement, de vêtements. Les dons versés aux œuvres caritatives et les pensions alimentaires sont également déductibles.

La convention bilatérale établie entre la France et le Royaume-Uni traite la question des revenus, mais également celle des dividendes. Elle prévoit que l'imposition des dividendes est exclusivement réservée au pays de résidence. Seulement, ces derniers sont alors doublement imposés :

- à la source à hauteur de 10% au Royaume-Uni
- au taux progressif en France, avec un abattement de 40%

Afin d'éliminer cette double imposition, le contribuable reçoit un crédit d'impôt égal au montant de l'impôt payé au Royaume-Uni, dans la limite de 15% du dividende brut.

Il n'y a pas d'impôt sur la fortune au Royaume-Uni. L'impôt sur les successions est de 40 %. Par ailleurs s'agissant de la TVA le taux général d'imposition est de 20 % et des taux réduits de 0 et 5 % sont appliqués sur un certain nombre de produits.

Le statut de résident non domicilié au Royaume-Uni

Alors que la plupart des pays utilisent indifféremment les termes de « résidence » et de « domicile » pour les personnes vivant sur leur territoire, les britanniques, eux, font une distinction entre ces deux notions :

- le terme « résidence » fait référence aux personnes qui séjournent au Royaume-Uni

- par contre la notion de « domicile » n'est pas une notion fiscale mais désigne le pays qu'une personne considère comme son lieu d'habitation permanent. Ainsi, le fait par exemple qu'un britannique ne vit pas dans son pays natal depuis de nombreuses années ne l'empêche pas d'y être domicilié à condition qu'il ait l'intention d'y revenir pour y vivre.

Or, justement, la particularité de la fiscalité en Angleterre est son système de fiscalité territoriale, soit vous êtes considéré comme résident domicilié au Royaume-Uni et alors vous êtes assujetti au régime fiscal commun, soit vous bénéficiez du statut de résident non domicilié, qui permet d'exclure les revenus étrangers de l'imposition. En effet, les "non-dom" sont imposés seulement sur les revenus de source britannique, ou les revenus mondiaux rapatriés sur le sol britannique (alors qu'un résident domicilié est imposé sur l'ensemble de ses revenus, britanniques et mondiaux).

Par conséquent un étranger installé au Royaume Uni et demandant à bénéficier du statut de non domicilié ne paiera aucun impôt sur ses revenus perçus hors du Royaume Uni. Autrement dit les familles fortunées peuvent vivre en Grande Bretagne sans payer le moindre impôt si elles conservent leurs comptes bancaires et autres actifs à l'Etranger. Mais, le patrimoine financier constitué avant l'expatriation au Royaume Uni est non taxable et peut être rapatrié au Royaume Uni sans impôts si cela est effectué avant d'obtenir la résidence. Il existe toutefois plusieurs subtilités qui nécessitent une structuration minutieuse pour éviter tout risque de requalification.

Vous l'avez compris, c'est l'intérêt fiscal majeur de s'installer en Grande-Bretagne.

Toutefois ces règles ne sont applicables qu'au cours des 7 premières années de résidence au Royaume-Uni. Par la suite, un montant annuel minimal de £ 30 000 est prélevé si la personne souhaite continuer à bénéficier du statut de « non domicilié », jusqu'à la 11 ème année, puis un prélèvement de £ 60 000 est appliqué de la 12 ième à la 15 ième année.

A partir de 15 ans de résidence au Royaume-Uni, les personnes concernées sont considérées comme y étant domiciliées fiscalement et sont imposables sur l'ensemble de leurs revenus mondiaux selon les règles générales applicables à tous les britanniques.

Au Royaume-Uni, le régime des « non-dom » fait l'objet d'intenses débats politiques. Depuis le début de l'année 2024, les principaux partis, qu'ils soient conservateurs ou travaillistes, se montrent particulièrement actifs en vue d'une réforme significative. Une transformation en profondeur de ce régime est envisagée à l'horizon 2025, signe d'un changement de cap imminent.

Le statut de non-dom devrait être aboli au profit d'un nouveau régime, le

« Foreign Income and Gains » (FIG), régime des revenus et gains étrangers, basé uniquement sur la notion de résidence (et donc sans avoir recours à la double notion de résidence et de domicile), à partir du 6 avril 2025. Ce nouveau régime remplacera l'actuel régime de la « remittance basis », affectant ainsi la fiscalité des expatriés vivant au Royaume-Uni qui profitent de ce régime fiscal d'exception.

Le régime FIG (foreign income and gains)

Les caractéristiques précises et la mise en application de ce nouveau régime restent à clarifier. Cependant, les principales mesures annoncées sont les suivantes :
•Concernant la durée de résidence : Ce régime s'adresserait aux contribuables n'ayant pas résidé fiscalement au Royaume-Uni au cours des 10 dernières années.
•Concernant l'imposition des revenus étrangers : Contrairement au régime « non-dom », où les revenus et gains étrangers ne sont imposés que s'ils sont rapatriés au Royaume-Uni, le nouveau régime n'imposera pas les revenus de

source étrangère, même rapatriés, pendant une durée de 4 ans. En revanche, passé ce délai, les contribuables seront intégralement soumis à une imposition sur leurs revenus et gains mondiaux. Les non-dom ne pourront donc plus être exonérés sur les revenus générés à l'étranger.

Ce régime s'appliquera aux personnes arrivant au Royaume-Uni à partir du 6 avril 2025, ainsi qu'aux résidents fiscaux actuels qui le sont depuis moins de 4 ans, et ce jusqu'à la fin de leur 4e année de résidence fiscale. Après 4 ans de résidence, les contribuables ne pourront bénéficier d'aucun régime fiscal favorable pour les revenus et gains non britanniques.

Des mesures fiscales transitoires mises en oeuvre

Il est question de mesures transitoires pour les personnes bénéficiant du régime actuel depuis plus de 4 ans. Ces mesures doivent néanmoins encore être précisées.
- Les contribuables passant du régime de la « remittance basis » en 2024/2025 à l'imposition sur une base mondiale en 2025/2026 devaient, selon le projet initial, être imposés seulement sur la moitié de leurs revenus de source étrangère (les plus-values étant pleinement taxables), mais ce dispositif annoncé par le gouvernement précédent n'a pas été repris dans le document de « policy summary » publié cet été après les élections législatives par le HM Treasury.
- Pour toute plus-value résultant de la cession d'actifs privés, à partir du 6 avril 2025, il était également envisagé que ces contribuables puissent bénéficier d'un « rebasement » (step-up fiscal), mais la date du 6 avril 2019 comme date de référence pour la valorisation de ces actifs (pour les besoins du calcul de la plus-value) n'a pas été reprise dans le projet actualisé ; cette date reste donc à déterminer.

•Afin d'encourager le transfert des revenus et gains étrangers vers le Royaume-Uni, ceux-ci pourraient être soumis à un taux avantageux par rapport aux taux actuels. Ce mécanisme de rapatriement des fonds étrangers (« temporary repatriation facility », TRF) s'appliquera pour les exercices fiscaux 2025/2026, voire davantage, et pour les revenus et plus-values obtenus avant le 6 avril 2025. Le taux avantageux, initialement envisagé à 12 % (projet initial), est redevenu indéterminé suite à la publication de cet été.

Droits de succession (« Inherance Tax » - IHT) et trusts

Les droits de succession britanniques sont également largement basés sur la notion de domicile du contribuable et le gouvernement envisage aussi de passer à un régime fondé uniquement sur la notion de résidence. Des incertitudes demeurent quant aux dispositions qui pourraient être applicables en matière de succession et de trusts. Pour l'heure, les « non-dom » sont exonérés de l'impôt sur les successions sur les biens situés en dehors du territoire. L'assujettissement aux droits de succession dépend du domicile et de la localisation des biens. Les personnes non domiciliées au Royaume-Uni ne sont soumises aux droits de succession que sur les actifs situés sur le territoire (actifs dits « britanniques »). Les actifs non britanniques deviennent taxables lorsque la personne devient domiciliée au Royaume-Uni.

Cependant, un nouveau régime basé sur la résidence semble susceptible d'être mis en œuvre. Après 10 ans de résidence au Royaume-Uni, les actifs internationaux seraient assujettis aux droits de succession (taux effectif de 40 %, quel que soit le lien de parenté), contre 15 ans actuellement. De plus, pour toute personne quittant le territoire britannique, ses actifs internationaux resteraient assujettis aux droits de succession pendant 10 années, contre 3 ans selon le délai actuel.

Enfin, le régime des trusts serait également modifié. Les actifs britanniques placés dans un trust par un contribuable non domicilié au Royaume-Uni pourraient ne plus bénéficier de l'exonération des droits de succession.

La confirmation de ces nouvelles règles et leur application détaillée, y compris les dispositions transitoires pour les constituants concernés, seront publiées lors du budget du 30 octobre.

Malte

Surprise ! C'est un pays membre de l'Union Européenne qui se trouve en bonne position des pays fiscalement attrayants. Comme quoi, il n'est pas toujours nécessaire de partir à l'autre bout du monde pour trouver un petit paradis fiscal… Les plages maltaises ne sont peut-être pas aussi belles qu'aux Bahamas, mais être résident à Malte offre des avantages assez intéressants.

Schématiquement, les nouveaux résidents qui ont gardé leur nationalité étrangère peuvent établir leur résidence fiscale sur l'île ce qui leur permet de n'être imposé que sur les revenus rapatriés à Malte. Les autres revenus, non rapatriés, ne sont pas imposés. Qui plus est, il n'y a pas de droit de succession, pas d'IFI, pas de taxe foncière, pas de taxe d'habitation ni d'impôt sur les donations.

Malte, Paradis Fiscal ?

Au vu des textes, Malte ne semble pas particulièrement attrayant au niveau de la fiscalité, bien au contraire. Concernant l'impôt sur le revenu, Malte applique un barème progressif jusqu'à 35% pour tout revenu annuel supérieur à 60 000 €.

Salaire annuel brut de	à	Taux de taxe
0 €	8 500 €	0%
8 501 €	14 500 €	15%
14 501 €	60 000	25 %
60 001 €	Et plus	35%

Rien de compétitif me direz-vous. Mais, car il y a un (gros) mais, le gouvernement maltais a mis en place un statut attractif pour attirer les entrepreneurs, investisseurs et personnes à hauts revenus sur l'île : il s'agit du statut de résident ordinaire (Ordinary Résidence) c'est à dire résident non-domicilié fiscalement.

Ce statut est d'origine anglo-saxonne, il est applicable au Royaume Uni comme nous venons de l'exposer supra (il est également en vigueur à Chypre par exemple) qui permet à un citoyen étranger de s'installer dans le pays avec des avantages fiscaux non négligeables (en général pas d'imposition sur les revenus générés hors du nouveau pays de résidence, similaire donc à un pays qui appliquerait un système d'imposition territorial).

Une fois que vous êtes résident à Malte, vous êtes automatiquement considéré comme un résident non domicilié (veillez à bien respecter la période minimum de 183 jours passés sur l'île pour éviter tout possible litige ultérieur sur votre résidence maltaise). Pour faire simple, avec ce statut, tous les revenus de source étrangère ne sont pas taxés à Malte, si vous ne les rapatriez pas à Malte. C'est ce qu'on appelle aussi plus communément le « Remittance Basis ». Si vous rapatriez ces revenus étrangers à Malte, vous devrez payer une « flat tax » de 15% sur ces revenus, il n'y a donc pas de réel intérêt de les rapatrier dans la plupart des cas (sauf si vous avez besoin d'utiliser ces fonds localement).

Il est tout à fait possible par contre de rapatrier localement votre capital, épargne et toutes les plus-values réalisées hors de Malte sans aucune imposition sur l'ile.

Impôt sur la plus-value à Malte

Les plus-values réalisées en dehors de Malte ne relèvent pas du champ d'application de l'impôt maltais même en cas de rapatriement à Malte. De la même manière, le capital et l'épargne versés à Malte ne sont pas soumis à l'IR à Malte.

Double imposition

Grace à plus de 60 conventions de non double imposition signées avec de nombreux pays, les résidents à Malte peuvent rapatrier leurs retraites à Malte sans imposition dans le pays d'origine.

Intérêts, dividendes

Les capitaux étrangers investis à Malte sont seulement imposés sur les intérêts ou les dividendes générés à un taux forfaitaire de 15%. Les ressortissants de la plupart des pays européens, du Canada, de l'Australie et des États Unis sont assurés de ne jamais payer d'impôt deux fois sur la même source de revenu.

Exemption complète de droits de douane

Les effets personnels, meubles et autres articles domestiques (à l'exclusion des armes à feu et armes de toutes sortes) peuvent être importés en franchise de droits de douane s'ils sont importés dans les six mois de votre arrivée à Malte. Dans de tels cas, les certificats d'importation ne sont pas nécessaires.

Forfait fiscal minimal

Une nouvelle loi est entrée en vigueur en 2019 aux termes de laquelle, tout résident non domicilié doit payer un forfait fiscal de 5000 € par an à Malte dès lors que ses revenus mondiaux non maltais sont supérieurs à 35 000 € par an (rapatriés ou non à Malte).

Le système fiscal maltais offre d'autres avantages fiscaux pour les individus :

- aucun impôt sur la fortune ;
- aucun impôt sur les successions et les donations ;
- pas de taxe foncière ou de taxe d'habitation ;
- aucune imposition sur la vente d'un bien immobilier servant de résidence principale après 3 ans de possession.

Pour les ressortissants de pays tiers (non UE), il est également possible, moyennant investissement dans des structures locales, d'acquérir la nationalité maltaise. Ce faisant, l'individu obtient non seulement la citoyenneté maltaise, mais devient également un citoyen européen lui permettant ainsi qu'à sa famille de circuler et/ou s'établir dans l'Union européenne.

Et les sociétés ?

Les sociétés maltaises sont taxés à 35 %.

Elles peuvent souvent obtenir des remboursement d'impôt sous 6 mois, ce qui peut ramener l' impôt à 5% seulement.

A Malte la TVA à 18% est la troisième plus avantageuse d' Europe.

Remittance Basis : pas d'impôts sur les revenus non rapatriés

Le terme "remittance basis" fait référence à un régime fiscal où les résidents non-domiciliés d'un pays ne sont imposés que sur les revenus et gains en capital qu'ils rapatrient (transfèrent) dans ce pays. En d'autres termes, les revenus étrangers ne sont soumis à l'impôt que s'ils sont effectivement transférés dans le pays de résidence.

Crédit d'impôt

À Malte, les résidents qui gagnent des revenus à l'étranger peuvent bénéficier de crédits d'impôt pour éviter de payer des impôts deux fois sur les mêmes revenus : une fois dans le pays où les revenus sont générés et une autre fois à Malte.

- Exemple concret : Imaginons que vous êtes un résident maltais et que vous avez une propriété en France qui génère des revenus locatifs. La France prélève des impôts sur ces revenus locatifs. Pour éviter que vous ne payiez également des impôts à Malte sur ces mêmes revenus, Malte vous accorde un crédit d'impôt équivalent au montant des impôts que vous avez déjà payés en France.

- Exemple détaillé :
    1. Vous gagnez 10 000 € de revenus locatifs en France.
    2. La France prélève 2 000 € d'impôts sur ces revenus.
    3. À Malte, ces 10 000 € seraient normalement soumis à l'impôt sur le revenu maltais.
    4. Grâce au crédit d'impôt, Malte déduira les 2 000 € que vous avez déjà payés en France de votre impôt maltais.

Exemption des droits de succession

À Malte, les non-résidents ne paient pas de droits de succession sur les actifs situés à Malte. Cela signifie que lorsque des non-résidents possèdent des biens ou des investissements à Malte, ces biens peuvent être transférés à leurs héritiers sans être soumis à une taxation successorale à Malte.

Réduction des impôts pour les retraités

À Malte, les retraités étrangers peuvent bénéficier d'un taux d'imposition réduit sur leurs pensions lorsqu'ils les transfèrent à Malte. Ce régime vise à attirer les retraités étrangers en offrant des avantages fiscaux attractifs.

Au lieu de payer le taux d'imposition standard, ils bénéficient d'un taux réduit de 15 % sur la pension transférée.

Exonération de la TVA pour les yachts

À Malte, les propriétaires de yachts peuvent bénéficier d'une réduction de la TVA sur l'achat et l'utilisation de leurs yachts. Cette réduction dépend de l'utilisation du yacht en dehors des eaux territoriales maltaises. Le taux de TVA est réduit en fonction du temps passé par le yacht en haute mer. Par exemple, si le yacht passe 70 % de son temps en haute mer, la TVA applicable peut être réduite en conséquence.

- *Exemple détaillé* : Un yacht de 30 mètres est enregistré à Malte. Le yacht est utilisé 60 % du temps en haute mer.

- Taux standard de TVA : 18 %.
- Réduction basée sur l'utilisation : Par exemple, une réduction de 60 % du taux standard.
- Taux de TVA appliqué : 7,2 % (18 % x 40 %).

Fiscalité des Cryptomonnaies pour un Particulier à Malte

À Malte, la fiscalité des cryptomonnaies pour les particuliers dépend de la nature des transactions effectuées. Les cryptomonnaies peuvent être traitées comme des actifs financiers ou comme des devises selon leur utilisation. Les règles fiscales peuvent varier en fonction de l'activité spécifique (trading, investissement à long terme, utilisation comme moyen de paiement, etc.).

- Achat et vente de cryptomonnaies de manière régulière pour réaliser des profits à court terme : les profits réalisés à partir du trading peuvent être considérés comme des revenus commerciaux et sont imposés selon les taux d'imposition sur le revenu standard de Malte.

- Investissement à long terme : les gains en capital réalisés sur la vente de cryptomonnaies après une période de détention peuvent être exonérés d'impôts, car Malte ne taxe généralement pas les gains en capital pour les particuliers.

- Utilisation comme moyen de paiement : les cryptomonnaies utilisées comme moyen de paiement peuvent entraîner des obligations fiscales similaires à celles des transactions en devises traditionnelles. Cependant, les gains ou pertes réalisés lors de la conversion de cryptomonnaies en euros ou autres devises peuvent être soumis à l'impôt.

- Exemples concrets :
Trader de cryptomonnaies :

    1. Activité : Un particulier maltais achète et vend régulièrement des cryptomonnaies.
    2. Profits : Il réalise un profit annuel de 10 000 € à partir de ces activités de trading.

3.Imposition : Ces profits sont considérés comme des revenus commerciaux et sont imposés selon les taux d'imposition sur le revenu applicables à Malte.

Investisseur à long terme :
1.Activité : Un particulier achète 5 000 € de Bitcoin en 2019 et les vend en 2024 pour 20 000 €.
2.Gains en capital : Le gain en capital est de 15 000 €.
3.Exonération : À Malte, ce gain en capital peut être exonéré d'impôts, car les gains en capital réalisés par les particuliers ne sont généralement pas taxés.

Flat Tax de 15 % TRP (Tax Residency Programme) à Malte

Malte propose un programme de résidence fiscale, le Tax Residency Programme (TRP), permettant aux personnes qualifiées de bénéficier d'un taux d'imposition fixe de 15 % sur les revenus étrangers rapatriés à Malte.

- Critères d'éligibilité :
1.Résidence : Le résident doit passer au moins 90 jours par an à Malte.
2.Propriété : Le résident doit posséder ou louer une propriété à Malte.
3.Revenus étrangers : Le taux de 15 % s'applique uniquement aux revenus étrangers rapatriés à Malte.
4.Impôt minimum : Un impôt minimum annuel de 15 000 € doit être payé.

- Exemple concret :
•Un investisseur canadien déménage à Malte et s'inscrit au TR

•Il reçoit 300 000 € de dividendes d'une entreprise située en Suisse.

Il transfère ces dividendes à Malte.

- Les 300 000 € de dividendes rapatriés à Malte sont imposés à un taux fixe de 15 %, soit 45 000 €.
- S'il ne transférait que 50 000 €, l'impôt de 15 % serait de 7 500 €, mais il doit toujours payer l'impôt minimum annuel de 15 000 €.
- S'il génère des revenus supplémentaires à Malte, ces revenus seront imposés aux taux standard maltais.

0% d'impôt sur les plus-values pour la vente de la résidence principale à malte

Les gains en capital réalisés lors de la vente de votre résidence principale peuvent être exonérés si certaines conditions sont remplies :

1. Résidence principale : La propriété doit être votre résidence principale.
2. Période de détention : Vous devez avoir occupé la résidence principale pendant au moins trois ans consécutifs immédiatement avant la vente.
3. Utilisation : La propriété doit avoir été utilisée exclusivement comme votre résidence principale et non à des fins commerciales ou de location.

Impôts sur les revenus d'investissement locatif à malte

Les revenus provenant de la location de biens immobiliers à Malte sont soumis à l'impôt sur le revenu. Les propriétaires doivent déclarer ces revenus et payer les impôts correspondants. Il existe également des déductions possibles pour certaines dépenses liées à la propriété locative.

Les revenus locatifs sont imposés selon les taux d'imposition standard maltais applicables aux revenus des particuliers ou des sociétés, selon le statut du propriétaire.

- Exemple de taux d'imposition pour les particuliers (2024) :
- Jusqu'à 9 100 € : 0 %
- 9 101 € à 14 500 € : 15 %
- 14 501 € à 19 500 € : 25 %
- 19 501 € à 60 000 € : 25 %
- Plus de 60 000 € : 35 %

- Déductions possibles :

Les propriétaires peuvent déduire certaines dépenses de leurs revenus locatifs imposables, telles que :

1. Intérêts hypothécaires : Les intérêts payés sur les prêts immobiliers utilisés pour financer l'achat de la propriété.
2. Frais de maintenance et de réparation : Les coûts liés à l'entretien et aux réparations de la propriété locative.
3. Assurance : Les primes d'assurance pour la propriété locative.
4. Frais de gestion : Les frais payés à des agents immobiliers ou des gestionnaires de propriété.

Maroc

S'expatrier au Maroc peut être très intéressant sur le plan fiscal. En effet, le pays s'est doté de réels avantages fiscaux afin d'attirer de nombreux expatriés. Et c'est pour les retraités que ces avantages sont les plus attirants, en particulier les retraités français !

Le régime fiscal marocain est constitué de trois principaux impôts :

- l'impôt sur les sociétés, pour les revenus et bénéfices réalisés par les sociétés et autres personnes morales ;
- l'impôt sur le revenu, qui concerne les revenus et bénéfices des personnes physiques et des sociétés de personnes ;
- la taxe sur la valeur ajoutée (TVA), qui s'applique aux dépenses de consommation.

Chaque année, les contribuables marocains doivent s'acquitter d'un impôt sur le revenu. Pour les revenus salariaux, l'impôt sur le revenu (IR) est prélevé à la source par l'employeur et figure sur le bulletin de paie. Des déductions sociales et fiscales sont appliquées sur le revenu brut imposable pour calculer un revenu net imposable (RNI). Les revenus catégoriels concernés par cet impôt sont les suivants :

- les revenus professionnels
- les revenus provenant des exploitations agricoles ;
- les revenus salariaux et revenus assimilés ;
- les revenus et profits fonciers ;
- les revenus et profits de capitaux mobiliers

Quels sont les revenus professionnels au Maroc ?

Les revenus professionnels constituent une catégorie à part. Elle se distingue de la catégorie des revenus salariaux et assimilés qui englobe les salaires, traitements, pensions, rentes, allocations, etc. Les revenus professionnels correspondent aux bénéfices réalisés par les personnes physiques et provenant de l'exercice :

- des professions commerciales, industrielles et artisanales ;
- des professions de promoteur immobilier, de lotisseur de terrains, ou de marchand de biens
- d'une profession libérale

Les contribuables marocains qui perçoivent des revenus professionnels peuvent choisir entre 3 régimes d'imposition :

- régime du résultat net simplifié (par défaut)
- régime du bénéfice forfaitaire (en dessous d'un certain CA annuel)
- régime de l'auto-entrepreneur

Qui paye l'impôt sur le revenu au Maroc ?

Au Maroc, sont considérés comme contribuables :

- les personnes physiques qui ont au Maroc leur domicile fiscal, à raison de l'ensemble de leurs revenus et profits, de source marocaine et étrangère ;

- les personnes physiques qui n'ont pas au Maroc leur domicile fiscal, à raison de l'ensemble de leurs revenus et profits de source marocaine ;

- les personnes, ayant ou non leur domicile fiscal au Maroc, qui réalisent des bénéfices ou perçoivent des revenus dont le droit d'imposition est attribué au Maroc en vertu des conventions tendant à éviter la double imposition en matière d'impôts sur le revenu.

On considère qu'une personne est domiciliée fiscalement au Maroc lorsqu'elle possède son foyer d'habitation permanent ou le centre de ses intérêts économiques au Maroc. C'est aussi le cas lorsque la durée continue ou discontinue de ses séjours au Maroc dépasse 183 jours pour toute période de 365 jours.

Cas particuliers : les expatriés

Les agents de l'État qui exercent leurs fonctions ou sont chargés de mission à l'étranger lorsqu'ils sont exonérés de l'impôt personnel sur le revenu dans le pays étranger où ils résident, sont imposés au Maroc.

Exonération d'impôt sur le revenu au Maroc : pour qui ? Pour quoi ?

Comme partout ailleurs, le système fiscal marocain prévoit des exonérations d'impôt, notamment pour certains revenus à caractère social ou indemnités.

Le barème de l'impôt sur le revenu sert à calculer le montant de l'impôt à payer à partir de l'impôt brut. Il est composé de 6 tranches du revenu net imposable, d'un pourcentage d'imposition pour chacune de ces tranches d'impôt et la déduction à appliquer. Concrètement, il suffit de comparer le revenu net imposable (RNI) aux tableaux ci-dessous pour déduire et calculer l'impôt sur le revenu à payer.

Barème de l'impôt 2024 sur le revenu de 2023 :

Revenu annuel (dirham)	Taux d'imposition	Somme à déduire
Moins de 40 000	0 %	0
De 40 0001 à 60 000	10 %	3000

De 60 001 à 80 000	20 %	8000
De 80 001 à 100 000	30 %	14000
De 100 001 à 180 000	34 %	17200
Au-delà de 180 000	37 %	24400

Il n'y a pas d'impôt sur la fortune ! Et cela a des conséquences pour les retraités étrangers, comme nous le verrons.

Pour tous les retraités, quelle que soit leur nationalité, l'article 60-I du code général des impôts prévoit que ces derniers bénéficient d'un abattement exceptionnel lors de la détermination de la base imposable. Il est de 55 % sur un montant brut annuel qui ne dépasse pas les 168 000 dhs (dirams – monnaie nationale marocaine -) et de 40 % au delà.

A cela s'ajoute ensuite des avantages destinés aux retraités étrangers, et notamment français.

La convention fiscale franco-marocaine du 29 mai 1970 détermine que votre pension, y compris de source publique, est imposable au Maroc si votre domicile est fixé dans ce pays. En effet, cette convention prévoit que les pensions de retraites ne sont imposables que dans l'Etat où le bénéficiaire a son domicile fiscal. Ce premier point est important.

Retraites étrangères au Maroc

Être un retraité français au Maroc est très intéressant ! En effet, l'article 76 du code général des impôts prévoit une réduction d'impôt de 80 % sur le

montant de la retraite étrangère (en sus des abattements généraux de 55 % ou 40 %) que le bénéficiaire vire définitivement sur un compte en dirhams non convertibles, souscrit auprès d'une banque marocaine. Cette condition est absolument impérative et l'administration fiscale doit recevoir les preuves écrites (documents bancaires originaux) que les fonds ont été virés sans possibilité de re-transfert.

Pour bénéficier de cette atténuation, vous devez produire avant la fin février de chaque année une déclaration du revenu global ainsi que les documents suivants :

- Une attestation de versement des pensions établie par le débirentier (*l'organisme qui paye votre pension*) ou tout autre document en tenant lieu ;
- Une attestation indiquant le montant en devises reçu pour le compte du pensionné et la contre-valeur en dirhams au jour du transfert délivrée par l'établissement bancaire ou de crédit ou par tout autre organisme intervenant dans le paiement des pensions concernées.

A noter que pour déterminer le montant de sa pension imposable en dirhams, il faut prendre en compte le taux de change officiel. Celui-ci est indiqué par la Direction générale des Impôts au Maroc qui chaque année, donne le taux de change des devises étrangères pour la base de calcul des revenus

Un exemple de calcul simple et concret

Rien de tel qu'un exemple pour se rendre compte des avantages fiscaux marocains. Nous allons prendre le cas de Pierre.

Ainsi, Pierre est français, ancien salarié d'une grande entreprise, il habite au Maroc, à Mohammedia car il aime le bord de mer. Il est fiscalement résident au Maroc et perçoit une pension brute de source française qui s'élève à 3200 Euros par mois. Pierre doit payer son impôt sur le revenu au Maroc et non pas en France.

A l'année, Pierre perçoit 3200X12=38400 €

La première chose à faire est de convertir ce montant en dirhams. Pour cela, il aura besoin du taux de change officiel fixé par la Direction Générale des Impôts comme nous l'avons vu précédemment. Pour les revenus de l'année 2022, le taux de change a été fixé à 10,714 Dhs. Pierre a donc perçu en 2022, une pension brute de: 38 400x10.83=411 418 Dhs

Maintenant, nous allons voir ensemble comment calculer ce que l'on appelle la "base imposable".

- Le premier abattement dont bénéficie Pierre est de 55 % pour les sommes inférieures ou égales à 168 000 dhs : 168 000 x 55 % = 92 400.
- Le deuxième abattement dont bénéficie Pierre est de 40 % pour le reste soit
  (411 418-168 000) x 40 % = 97 367 Dhs
- Le montant total de ses abattements est donc de 92 400 + 97 367 = 189 767 Dhs
- La base imposable est donc de 411 418 – 189 767 = 221 651 Dhs

Maintenant que nous connaissons la base imposable de Pierre, voici le barème d'imposition général sur les revenus (IR) avec notamment les sommes à déduire. Nous allons utiliser ce barème à partir de maintenant.

Pierre a donc maintenant trois solutions qui s'offrent à lui.

- Il décide de ne rien transférer de sa pension au Maroc.

Il a une base imposable de 221 651 Dhs et un taux qui s'y applique de 38% car il se situe dans cette tranche sur notre tableau.

Le calcul est donc le suivant: (221 651 x 38 %) - 24 400 = 59 827 Dhs soit **5 584 €** d'impôt à payer

- Il décide de transférer une partie seulement de sa pension et de garder le reste en France *(pour rembourser quelques crédits, payer des cotisations, faire des voyages et des cadeaux de noël...),* soit 31 200 € qu'il transfère au Maroc sur son compte bancaire en dirhams non-convertible et 7200 € qu'il garde sur son compte en France.

Selon notre taux de change, ces 31 200 Euros représentent : 31 200 x 10.714 = 334 277 Dhs

Puisqu'il transfère ce montant sur un compte bancaire en dirhams non-convertible, Pierre bénéficie d'un abattement supplémentaire de 80%. On calcule donc la réduction d'impôt de 80 % sur la partie transférée de la pension (uniquement cette partie peut en bénéficier).

59 827 x (334 277/411 418) x 80 % = 38 888

Après son abattement supplémentaire de 80%, Pierre va donc devoir payer un impôt final de :

59 827 – 38 888 = 20 939 soit au taux de change de 10,714, un impôt final de **1954 €**

Cela est extrêmement avantageux, non ?

- Pierre décide de transférer au Maroc l'intégralité de sa pension de retraite sur son compte bancaire en dirhams non-convertible (il bénéficie donc de l'abattement de 80% sur la totalité) :

59 827 x 80 % = 47 862 Dhs, qui représentent le montant de l'abattement

Son impôt à payer au Maroc sera de 59 827 – 47 862 = 11 965 Dhs soit

1 117 €

Pour conclure, comme vous le voyez, l'imposition au Maroc est extrêmement avantageuse pour les retraités qui s'expatrient au Maroc mais également pour les actifs. Le Maroc offre de nombreux avantages fiscaux mais vous allez avoir un peu de paperasse à faire, c'est la contrepartie d'une meilleure vie au soleil. En outre, au Maroc :

- Il n'existe pas de droits de succession pour les biens présents sur le sol marocain.
- Il n'y a pas d'impôt sur la fortune
- Les plus values sur l'immobilier sont imposées à 20%.
- Les retraités achetant une résidence principale neuve, sont exonérés de la taxe d'habitation pour une durée de 5 ans.
- Il y a une exonération de la CSG et la CRDS, dans le cadre de revenus perçus en France et transférés au Maroc
- Franchise totale des taxes et droits douaniers dans le cadre du droit à l'importation des effets personnels et objets mobiliers ayant été acquis 6 mois avant leur entrée au Maroc (dans le cadre de votre déménagement par exemple).
- Les accords franco-marocains prévoient une prise en charge en matière de soins, selon un protocole précis

Sachez que c'est à vous d'aller vous déclarer à la Direction Générale des Impôts pour payer votre impôt, vous ne recevrez pas d'avis d'imposition. La convention franco-marocaine invite également les administrations fiscales des deux pays à échanger des informations d'ordre fiscal : il convient donc d'être vigilant.

Prenez donc bien le temps de calculer correctement votre impôt, certains comptables peuvent vous y aider si vous avez une situation plus complexe.

Réfléchissez à votre situation pour savoir quel scénario serait le plus adapté au niveau du transfert de votre pension. Comme on l'a vu avec Pierre, plusieurs scenarios sont possibles. Vous pouvez aussi rapatrier 70% sur votre compte en dirhams convertible, en garder 20% en France et 10% sur un compte en dirhams convertible. A vous de faire les calculs.

CONCLUSION

Au terme de ce petit tour du monde fiscal, il ne vous reste plus qu'à choisir votre pays de résidence préféré :

Pays	Imposition des revenus des particuliers
Malte	0 % sur les revenus de source internationale
Andorre	10 % d'imposition sur les revenus
Royaume-Uni	0 % sur les revenus de source internationale les 7 premières années
Monaco	0 % sauf pour les Français
Bahamas	0 % sous condition d'un achat immobilier de 500 000 $ mini
Ile maurice	15 % sous condition d'un achat immobilier de 500 000 $ mini
Dubaï	0%
Bulgarie	10%
Portugal	0 % pour les retraités (10 % à compter de 2020)
Maroc	Abattements sur les revenus jusque 80 %

EPILOGUE

Vous disposez de revenus confortables mais souhaitez intégrer le club privilégié des foyers fiscaux « non imposables » à l'impôt sur le revenu ? Au terme de ces dix leçons vous avez sans doute compris que c'est dans le domaine du possible et, en définitive, pas si compliqué que cela.

Vous pouvez bien sûr rejoindre un paradis fiscal où vous profiterez d'une qualité de vie unique sans aucun souci de paiement d'impôt mais si vous craignez la nostalgie du pays natal, dans ce cas, en dépensant adroitement et en investissant raisonnablement (ce qui permettra par la même occasion d'accroître votre patrimoine mobilier et immobilier) vous pourrez demeurer dans notre beau pays et obtenir ce même résultat d'une exonération totale d'impôt.

Mais alors, quel est le montant de revenu maximal qui permet de rester non imposable ? Dans l'absolu il n'y en a pas, tout réside dans la nature et le montant des dépenses familiales et des investissements consentis, les plafonnements des réductions et crédits d'impôt prévus par la Loi pouvant légalement être facilement contournés. Les exemples suivants tendent à le démontrer.

Considérons Alain et Virginie, mariés, un enfant ayant atteint 17 ans, un second non encore scolarisé.

<u>1ère hypothèse</u> : salariés, ils gagnent ensemble 50 000 €. Compte tenu d'une réduction d'impôt de 183 € correspondant à un enfant majeur dans l'enseignement supérieur et d'une autre réduction de 1000 € pour frais de garde du petit dernier, Alain et Virginie paieront 0 € d'impôt sur le revenu.

CALCUL DE L'IMPOT 2025 SUR LES REVENUS 2024	
Nombre de personnes à charge	2
Nombre de parts	3
Impôt sur le revenu	
Revenu brut global	50000
Charges déductibles	5000
Revenu net imposable	45000
Droits simples à payer	1156
décote	947
Total des réductions d'impôt	183
Impôt avant imputations	26
Crédit frais de garde des enfants	1750
Impôt sur le revenu net	0

2ème hypothèse : s'ils gagnent 100 000 €, ils devraient payer 7 816 € d'impôt sur le revenu. Toutefois, en souscrivant dans un plan d'épargne retraite, avec un emploi à domicile, un déficit foncier, et en investissant dans un système de charge de véhicule électrique, alors ils peuvent réduire la facture fiscale et payer 0 € d'impôt :

situation fiscale avant :

CALCUL DE L'IMPOT 2025 SUR LES REVENUS 2024	
Nombre de personnes à charge	2
Nombre de parts	3
Impôt sur le revenu	
Revenu brut global	100000
Charges déductibles	10000
Revenu net imposable	90000
Droits simples à payer	9749
Total des réductions d'impôt	183
Impôt avant imputations	9566
Crédit frais de garde des enfants	1750
Impôt sur le revenu net	**7816**

situation fiscale après :

CALCUL DE L'IMPOT 2025 SUR LES REVENUS 2024	
Nombre de personnes à charge	2
Nombre de parts	3
Impôt sur le revenu	
Revenu brut global	100000
Charges déductibles (abattement 10 %, épargne retraite, déficit foncier)	30000
Revenu net imposable	70000
Impôt	3906
Total des réductions d'impôt (enfant étudiant, emploi à domicile, système chargement voiture électrique)	263
Crédit frais de garde enfant	1750
Impôt sur le revenu net	**0**

3ème hypothèse : s'ils gagnent non plus 100 000 € mais 200 000 €, cette fois, leur imposition s'élèverait à 40 210 € mais par des choix judicieux en terme de charges déductibles du revenu (épargne retraite, déficit foncier), de charges courantes donnant droit à des réductions d'impôt (frais de garde des enfants) et des investissements choisis (Pinel, Denormandie, dans les dom-tom, et au capital d'une PME,) alors ils peuvent bénéficier de 29 271 € de crédits et réductions d'impôt (on est bien loin du plafonnement à 10 000 ou 18 000 € !) et en définitive payer également 0 € d'impôt sur le revenu :

situation fiscale avant :

CALCUL DE L'IMPÔT 2025 SUR LES REVENUS 2024	
Nombre de personnes à charge	2
Nombre de parts	3
Impôt sur le revenu	
Revenu brut global	200000
Charges déductibles (plafond légal de déduction des frais pro sur salaires)	14426
Revenu net imposable	185574
Droits simples à payer	40393
Crédit d'impôt	183
Impôt avant imputation	40210
Crédit frais de garde des enfants	1750
Impôt sur le revenu net	**38460**

situation fiscale après :

CALCUL DE L'IMPÔT 2025 SUR LES REVENUS 2024	
Nombre de personnes à charge	2
Nombre de parts	3
Impôt sur le revenu	
Revenu brut global	200000
Charges déductibles (abattement 10 %, déficit foncier)	49871
Revenu net imposable	155574
Droits simples à payer	29421
Total des réductions d'impôt (enfant étudiant, souscription PME, investissement immobilier Pinel, Denormandie, Malraux, immobilier outre-mer)	29271
Impôt normalement du	150
Crédit frais de garde des enfants	1750
Impôt sur le revenu net	**0**

*
* *

On pourrait ainsi à loisir continuer à simuler des situations fiscales de particuliers à hauts revenus ne générant aucun impôt à payer …... ce qui donne tout son sens à l'intérêt d'adopter dans la gestion de sa situation familiale, financière et patrimoniale, une démarche dynamique d'optimisation fiscale qui permet en définitive d'économiser beaucoup d'argent.

Contact auteur : jpdescat30@gmail.com